Michiaki und Hildegard Horie

Umgang mit der Angst

R. BROCKHAUS VERLAG WUPPERTAL

Bücher, die dieses Zeichen tragen, wollen die Botschaft von Jesus Christus in unserer Zeit glaubhaft bezeugen.

Das ABCteam-Programm umfaßt:
- ABCteam-Taschenbücher
- ABCteam-Paperbacks mit den Sonderreihen:
Glauben und Denken (G + D) und Werkbücher (W)
- ABCteam-Jugendbücher (J)
- ABCteam-Geschenkbände

ABCteam-Bücher erscheinen in folgenden Verlagen:
Aussaat Verlag Wuppertal / R. Brockhaus Verlag Wuppertal
Brunnen Verlag Gießen / Bundes-Verlag Witten
Christliches Verlagshaus Stuttgart / Oncken Verlag Wuppertal
Schriftenmissions-Verlag Gladbeck

ABCteam-Bücher kann jede Buchhandlung besorgen.

3. Auflage 1983

Umschlaggestaltung und Textillustrationen: Hermann Steidle, Essen
Gesamtherstellung: Breklumer Druckerei Manfred Siegel

ISBN 3-417-12190-6

Inhalt

Einleitung

Es ist später Abend. Während meine Frau und ich gerade Gedanken zum Thema Angst formulieren, ertönt aus dem angrenzenden Kinderzimmer der vertraute, bittende Ruf:

»Mami . . . komm mal . . .«

Ist es das dritte oder schon das vierte Mal heute abend? Wir gehen noch einmal an die Betten der Kinder und setzen uns zu ihnen:

»Warum schlaft ihr denn immer noch nicht?«

»Wir haben Angst.«

»Angst? Aber wovor denn?«

»Einfach so.«

»Wir sind doch gleich nebenan, nur einige Schritte von euch entfernt. Die Tür ist weit geöffnet, ihr hört uns sprechen.«

»Trotzdem.«

Und die kleine Schwester fügt erklärend hinzu:

»Wenn wir bei euch sind, ganz nah, dann fühlen wir uns so geborgen.«

Gespanntes Schweigen. Meine Frau und ich blicken uns an und sind uns einig:

»Wenn ihr noch ein Plätzchen findet, könnt ihr kommen.«

»Wir finden!« rufen sie zuversichtlich wie aus einem Mund.

Wir gehen zurück ins Wohnzimmer und müssen lachen über dieses Chaos von Spielzeug, das sich um uns herum aufgetürmt hat. Nur mit Mühe hatten wir noch ein Eckchen für uns selbst finden können. Wo sollten hier unsere Kinder noch schlafen? Nun stehen sie vor uns, verschmitzt lächelnd, jeder sein Bettzeug auf dem Rücken und schaffen sich ein paar Quadratzentimeter freien Teppich zu unseren Füßen. Innerhalb von Sekunden schlafen sie fest. Glückselig. Geborgen. Umrahmt von Umzugskisten.

Kennen Sie dieses Gefühl, das plötzlich da ist und dann immer stärker wird, sich in alle Fasern des Seins hineinzwängt – bis Sie völlig davon beherrscht werden? Dieses beklemmende Gefühl, das Ihren Blick trübt, und Sie schließlich nichts anderes mehr denken können: Angst. Sie fühlen sich ausgeliefert, als gäbe es kein Entrinnen.

Angst gehört zu unserem Leben. Solange wir auf dieser Erde sind, werden wir Angst erfahren. Es wäre sinnlos, sie zu leugnen. Wir können zwar versuchen, sie zu überspielen; aber damit ist sie noch nicht besiegt.

In meine Sprechstunde kommen mehr und mehr Menschen – sie kommen von weit her – gezeichnet von der Angst; einer Angst, die lähmt und jegliche Lebensfreude raubt; einer Angst, die das Leben von innen her langsam zerstört.

Und dann versuchen wir gemeinsam, diesem hinterhältigen Feind auf die Spur zu kommen. Es ist manchmal ein jahrelanger Kampf. Aber wer von den quälenden Angstsymptomen befreit werden will, muß sich schonungslos diesem Kampf stellen.

Die nachfolgenden Seiten sollen dabei eine kleine Hilfestellung sein.

Ein Leben voller Angst . . .

Ich erinnere mich an Heidrun. Sie war verlobt und liebte ihren Bräutigam. Es wäre ihr nie in den Sinn gekommen, sich wieder von ihm zu trennen. Doch am Tag ihrer standesamtlichen Hochzeit wurde sie von einer Panik erfaßt. Was hätte sie darum gegeben, alles rückgängig machen zu können. In dem Augenblick, als sie ihren Namen unter die Urkunde setzen sollte, wäre sie am liebsten davongelaufen. Sie fing an zu weinen und konnte nicht begreifen, daß ihr Verlobter erwartungsvoll und freudig das ganze Zeremoniell verfolgte. Sie wünschte, alles wäre nur ein Traum, und sie könnte in ihre altvertraute Lebensweise zurück. Aber die Gäste waren bereits versammelt, so spielte sie das Stück weiter – wie in Trance. Alles in ihr schrie: nein! War es Angst vor der Bindung? Angst vor der Endgültigkeit? Oder war es die Angst vor dem Neuland, das sie betreten sollte, dem Leben zu zweit? Wer garantierte ihr, daß sie sich nicht getäuscht hatte?

Einige Tage später ließ dieser akute Angstanfall nach. Doch als sie dann nach wenigen Wochen entdeckte, daß sie schwanger war, überfiel die Angst sie aufs neue mit solch einer Gewalt, daß sie fürchtete, wahnsinnig zu werden.

Sie hatte nie Kinder gewollt. Sie fühlte sich durch Kinder zu stark gefordert. Sie fürchtete, ihnen nicht das geben zu können, was sie eigentlich geben müßte. Sie hatte bis jetzt nur für sich selbst gelebt. Sie hatte Angst vor der Verantwortung. Kinder waren in ihren Augen eine Last, vor der man sich nach Möglichkeit drücken sollte. Sie stellten eine Bindung dar, die nicht rückgängig zu machen war, die man nicht einfach abschütteln konnte.

Während dieser ersten Schwangerschaft versuchte sie, ihren Ängsten auf den Grund zu gehen und nach der tieferliegenden Ursache zu forschen. War es wirklich die Angst vor einer Bindung? Oder war es das Neue, was ihr Angst machte, dem sie sich nicht gewachsen fühlte? Oder das Risiko, gegen das sie sich nicht genügend abgeschirmt glaubte?

Mit jedem Tag, der sie der Geburt näher brachte, wuchs auch die Angst, ein krankes oder unnormales Kind zur Welt zu bringen. Diese monatelange Spannung war für sie beinahe unerträglich. Dann kam die Stunde der Geburt. Sie wußte, daß es nun kein Zurück mehr gab, nur noch ein Vorwärtsgehen. Sie berichtete mir später, es wäre gewesen, als sei sie bewußt in ihren eigenen Tod hineingegangen. »So muß Sterben sein«, dachte sie, »so ausgeliefert.« Als dann ein gesundes Kind geboren wurde, konnte sie ihr Glück nicht fassen. Alle Angst war vergessen. Einige Tage lang war sie die »glücklichste Frau der Welt«, wie sie sagte. Die Beziehung zu ihrem Kind war spontan. Sie war glücklich als Ehefrau und Mutter.

Doch dieses Glück dauerte nicht lange. Plötzlich tauchte ein neues Angstgespenst auf: Krebs. Obgleich keinerlei Anzeichen für einen Krebsverdacht bestanden, war sie fest davon überzeugt, in sich diese todbringende Krankheit zu tragen, die jeden Tag ihrem jungen Glück ein jähes Ende bereiten könnte. Von da an löste eine Angstvorstellung die andere ab. Sie war derart von Angst gequält, daß sie kaum das Nötigste erledigen konnte. Manchmal verbrachte sie die Tage wie im Nebel und steigerte sich in ihre Angstvorstellungen hinein, tastete ihren Körper nach irgendwelchen Krebsgeschwüren ab und lebte in einer quälenden Abschiedsstimmung. Durch die Angst war sie wenig belastbar, so daß sie sich dem Kind gegenüber ungeduldig verhielt, was dann wieder Schuldgefühle in ihr hervorrief. Hinter all ihren Ängsten aber verbarg sich immer dasselbe Motiv: »Ich habe Angst, das Leben, das ich jetzt lebe, zu verlieren. Jetzt weiß ich, was es bedeutet, glücklich zu sein. Aber ich denke, das Glück hat sich nur in mein Leben verirrt. Es wird den Irrtum entdecken und wieder von mir gehen. Ich bin dazu bestimmt, im Dunkeln zu leiden und auf den Tod zu warten.« Das hatte sie oft genug von ihrer Mutter gehört. Seitdem zog sie alles Negative wie mit magnetischer Kraft an sich. Ja, sie fürchtete, daß jedes Schicksal, das sie von anderen hörte, sich in ihrem eigenen Leben wiederholen müßte. Ihr Denken hatte etwas Magisches an sich. Sie durchschaute wohl die Unsinnigkeit, aber konnte sich zugleich nicht davon distanzieren. Im Laufe der Gespräche stellte sich heraus, daß sie noch immer in einer symbiotischen* Beziehung zu ihrer Mutter lebte, deren negative Lebenserwartung sie unbewußt übernommen hatte. Wie ihre Mutter, so war auch Heidrun davon überzeugt, daß Leben gleichzusetzen ist mit Leid: Leben = Leid. Wenn diese Formel nicht zutraf, mußte irgendein Fehler vorhanden sein, der sich früher oder später herausstellen würde, so glaubte sie. Sie kannte kein Vertrauen, weder zu Menschen noch zu Gott.

* symbiotisch = zusammenlebend aufeinander angewiesen sein

Angst im Spiegel der Zeit

Heidegger bezeichnete die Angst als »Grundbefindlichkeit des Daseins«. Und in der Tat: es hat noch nie eine angstfreie Zeit gegeben. Doch wenn wir die Geschichte der Menschheit zurückverfolgen, müssen wir feststellen, daß sich die Erscheinungsbilder oder Ausdrucksformen der Angst verändert haben. Durch ein erweitertes Weltbild hat auch die Angst ein neues Gesicht erhalten, einen neuen Namen. Der Mensch aber ist derselbe geblieben.

Vielleicht mögen wir die Menschen früherer Jahrhunderte belächeln, die sich beim Gewitter zitternd und betend in einen Raum zusammendrängten, bis das »Unheil« an ihnen vorübergezogen war. Heute wissen wir, daß es sich bei einem Gewitter nicht um zürnende Gottheiten, sondern um die Entladung atmosphärischer Elektrizität handelt. Dennoch gibt es auch heute zahlreiche Menschen, die sich ängstlich vor dem Grollen eines nahenden Gewitters verkriechen, als müßten sie vor einer vernichtenden Übermacht Schutz suchen.

Durch die Erkenntnis der Wissenschaft ist Licht in manches Dunkel gekommen; doch die Angst ist geblieben.

Seit der Aufklärung rühmt sich der Mensch seiner Erkenntnisse und läßt weder Wunder noch Geheimnis gelten. Mit seinem Verstand glaubt er, allen Geheimnissen auf die Spur zu kommen. Und wenn es ihm nicht gelingt, wird es umgedeutet, bis eine befriedigende Erklärung gefunden ist. Noch heute neigt der Mensch dazu, was nicht erklärt werden kann, zu leugnen oder als Zufall, als Laune der Natur zu deklarieren. Der Mensch als Gedanke Gottes aber kann sich nur dann recht entfalten, wenn er auf Gott bezogen lebt. Allein vom Blickwinkel des Ewigen ist Leben erklärbar. Wo die Welt noch als Schöpfung gilt und der Mensch sich als Geschöpf dieser Schöpfung zugehörig weiß, gibt diese Zugehörigkeit ihm zugleich Sicherheit. Je mehr dieses Bewußtsein schwindet, desto größer wird seine Ungeborgenheit.

Der Mensch ist auf eine Beziehung hin erschaffen. Darum erlebt er Isolation als Bedrohung. Früher war es die Großfamilie, die ihm Halt und Geborgenheit vermittelte. Darüber hinaus bildete im Mittelalter die Berufsgruppe oder Zunft einen festen Rahmen. Zwar war der einzelne in seiner Handlungs- und Bewegungsfreiheit eingeschränkt, aber diese Umzäunung war auch zugleich ein Schutz. Zudem war der Drang nach Freiheit bei weitem nicht so ausgeprägt wie heute. Im allgemeinen blieb ein Mensch dort, wo er geboren war und setzte das fort, was er von seinem Vater übernommen hatte. Das änderte sich nun mehr und mehr. Alte Normen wurden nicht selbstverständlich übernommen, sondern neue Wege erprobt. Der Individualismus gewann an Raum, auch das Streben nach persönlichem Besitz. Doch mit der wachsenden Macht des einzelnen wuchs auch die Einsamkeit und damit verbunden die Angst. Die Angst, das wieder zu verlieren, was er errungen hatte.

Der Mensch durchbrach seine bisherigen Grenzen und versuchte in allen Richtungen vorzustoßen und Erde und Weltall zu erobern. Er durchbrach die Schranken der Kirche und feierte in Wissenschaft und Technik die ersten Erfolge. Er stellte fest, daß die Erde nicht Mittelpunkt des Alls ist. Er sah sich hineingestellt in einen unendlichen Raum.

Aber noch war der einzelne einem festen Staatsgefüge einverleibt. Mochten auch innere Krisen an seiner Existenz nagen – sein Vertrauen war dadurch nicht erschüttert. Staat und Fürsten waren wie Säulen, die das Land stützten.

Erst durch den Sturz der Monarchien wurde das Vertrauen des Bürgers zutiefst erschüttert. Die Ordnung, die dem Leben sein Gepräge gab, war aufgelöst. Das bedeutete Orientierungslosigkeit. Werte, die bis dahin Gültigkeit hatten, wurden ins Lächerliche gezogen. Diese innere Auflösung machte auch vor den Familien nicht halt. Väterliche Autorität und alte Moral galten nicht mehr wie bisher. Die Freiheit des Menschen wurde auf den Thron erhoben, der Trieb vergöttert und der Mensch – seit Freud* – als Triebwesen analysiert.

Was war dem Menschen geblieben? Wunder und Geheimnisse waren ihm geraubt. Das feste Gefüge des Staates ins Wanken geraten. Ist es da noch verwunderlich, wenn sich Tausende an die paradiesischen Verheißungen eines Dritten Reiches klammerten?

Der Mensch sucht Beständigkeit. Er sucht etwas, das ihn über die Vergänglichkeit das Daseins hinwegtäuscht. Daher fanden Parolen vom Tausendjährigen Reich geöffnete Ohren.

Doch als sich dann diese Hoffnung als Trugbild entlarvte, war das Chaos endgültig. Auf was konnte der einzelne noch bauen? Wie sollte er in Zukunft Wahrheit von Lüge unterscheiden? Aber der Mensch hatte keine Zeit, bei seiner Niederlage stehenzubleiben. Der Wiederaufbau erforderte alle Kräfte. Doch wofür sollte er sich einsetzen? Für

* Freud, Sigmund, Nervenarzt, 1856 – 1939, Begründer der Psychoanalyse

eine bessere Zukunft? Wußte er, was morgen sein würde? Und wenn der Schrecken von gestern sich morgen wiederholt?

Mit der unbewältigten Vergangenheit im Rücken und einer ungewissen Zukunft vor Augen begann der Mensch, die zerbrochenen Steine wieder zu sammeln.

Nach dem Geschehen in Auschwitz und Hiroshima war ihm der Glaube an das Gutsein des Menschen erstorben. Nicht selten machten seine Kinder ihn verantwortlich für das, was geschehen war. Er konnte es zwar nicht ungeschehen machen, aber vorbeugen wollte er, daß sich das Grauen nicht wiederholt. So fing er an, auf den Trümmern der Vergangenheit Zukunft zu bauen.

Die Industrialisierung wuchs ins Gigantische. Aber damit schaffte er sich zugleich neue Probleme. Rauchende Fabrikschlote und chromblitzende Autoschlangen konnten sein Problem Angst nicht lösen.

Der Sprung in den Weltenraum war ihm zwar gelungen, und sein Geist forschte, um den Ursprung des Lebens aufzuspüren, dabei stellte er frühere Erkenntnisse wieder infrage; aber sein innerstes Fragen blieb unbeantwortet. Er selbst ein Geheimnis.

Was dem Menschen in allem Wechsel erstrebenswert erschien, war der Besitz. Er wollte wiedergewinnen, was er verloren hatte. Und er baute, als könnten Preßlufthammer und Bagger seine Angst übertönen. Bis heute. Doch dann, wenn es still um ihn herum wird, stellt er fest, daß die Angst tief in ihm lauert wie ein Feind im Hinterhalt.

Um dieser Angst zu entfliehen, schaltet er das Fernsehen an, das schließlich seine freie Zeit ganz in Anspruch nimmt. Und wenn er nachts schlaflos in seinem Bett liegt, ist die Angst immer noch da. So greift er zur Tablette, die seinen Geist einschläfert. Tagsüber, wenn trotz aller Hektik sich tief im Innern die Angst regt, gibt es andere Mittel, sie zu betäuben: ein Griff zur Flasche oder zur Spritze mit dem sogenannten »süßen Gift«, oder er versucht, im Sex seine unterschwellige Angst zu ersticken.

Psychologisch zum Triebwesen degradiert, historisch als Zufall propagiert und physikalisch als Zusammensetzung vieler Atome erklärt – genügt das zum Leben?

Wo der Mensch nichts mehr ist als eine Kombination von verschiedenen Elementen, deren Wert in DM ausgezahlt wird, findet eine zerstörende Selbstentfremdung statt, die von Angst begleitet ist. Er weiß nicht mehr, wozu er lebt. Diese Beziehungslosigkeit äußert sich entweder in Aggression oder Resignation – aber beides ist letztlich die Sprache der Angst.

Realangst – auch Furcht genannt

Obschon jeder von uns Angst kennt, ist doch die Angstbereitschaft sehr unterschiedlich.

Durch überhäufte Schreckensmeldungen ist die Angstschwelle höher geworden, d. h. wir sind abgestumpft. Oder ist es eine Art Selbstschutz, daß wir Berichte von Mord und Katastrophen relativ gelassen vom Sessel aus am Bildschirm beobachten können, ohne uns mit dem Grauen selbst zu identifizieren? Doch sobald die sichere Entfernung zusammenschmilzt, wird unsere Angstabwehr in Alarmzustand versetzt. Wir sind hellwach und bereit, unser Leben zu schützen.

Vielleicht ist die Angstbereitschaft in der Stadt noch höher als auf dem Land. Durch den dichten Verkehr und gehäufte Meldungen von Kriminalität sind wir stärker zur Wachsamkeit aufgefordert.

Mit der wachsenden Industrialisierung sind neue Angstkomponenten hinzugekommen. Als es noch keine Autos gab, brauchte sich niemand vor einem Verkehrsunfall zu fürchten. Heute dagegen rechnen wir jährlich mit ca. 20 000 Verkehrstoten. Auch Umweltverschmutzung war den Menschen früher nicht bekannt. Sie konnten essen, was immer der Boden gab – ohne Angst, sich und ihre Kinder dadurch zu vergiften.

Heute wissen wir, daß jährlich rund 20 Milliarden Tonnen Kohlendioxyd in die Atmosphäre gelangen, so daß der Kohlendioxydgehalt der Luft exponentiell um etwa 0,2 % jährlich steigt. Hinzu kommt eine Anreicherung der Luft mit Blei und Quecksilber, die durch die Abgase der Autos, durch Müllverbrennungsanlagen usw. in die Luft gelangen. Chemische Fabriken blasen ihre Giftstoffe in die Luft, durch das Versprühen von Insektenvernichtungsmitteln geraten weite Landstriche in Gefahr, Pflanzen werden ungenießbar.

Heute fürchten wir uns weniger vor Hexen und Gespenstern, heute sind es die Fähigkeiten des Menschen selbst, die uns mit Schrecken erfüllen. Denken wir nur an die möglichen Katastrophenfälle, die durch einen Schnellen Brüter entstehen können oder das drohende Gespenst eines Atomkrieges. Auch fürchten wir nicht mehr die Pest – heute ist es der Herztod oder der Krebs, gegen die wir noch immer vergebens ankämpfen. Tod und Vernichtung lauern überall. Im allgemeinen versteht der Mensch es meisterhaft, den Gedanken daran zu verdrängen. Doch plötzlich taucht die Angst als allgemeines Unbehagen wieder auf.

Angst vor dem Sein

Daseinsangst oder auch Weltangst genannt, ist heute vor allem unter jungen Menschen ein weit verbreitetes Phänomen. Es ist ein unbestimmtes Angstgefühl, das nicht näher beschrieben werden kann und sich nicht auf eine konkrete Bedrohung bezieht. Ein würgendes Gefühl der Enge oder eine drückende Last. Daß ich bin, erzeugt in mir Angst. Daß ich in dieser Welt bin, wird von mir mit Angst registriert. Hier wird das Leben selbst zum Feind.

Angst in der Form, in der sie uns heute häufig entgegentritt, war früher nicht bekannt. Auch ist sie unter den weniger entwickelten Völkern kaum anzutreffen. Zwar kennen sie Furcht, aber diese Furcht bezieht sich auf einen konkreten Feind, den es zu bekämpfen gilt, sei es in der Natur, sei es in einem kriegerischen Nachbarstamm oder den unsichtbaren Geistern und Dämonen, die sie zu beschwichtigen versuchen. Dieser Furcht ist der Mensch nicht hilflos ausgeliefert. Er kann sich durch Flucht oder entschlossenen Mut und Tapferkeit davor schützen. Doch jenem unbestimmten Angstgefühl gegenüber fühlt er sich machtlos. Diese Daseinsangst wird vorwiegend unter hochzivilisierten Völkern beobachtet, in denen das organische Gefüge, das menschliche Ordnungsprinzip ins Wanken geraten ist.

Der Grund solch einer Angst liegt aller Wahrscheinlichkeit nach in der Auflösung der Kernfamilie.

Wird heutzutage nicht oft genug eine glückliche Familie ins Lächerliche gezogen, eine feste, partnerschaftliche Bindung als überholt abgetan und Treue wie ein Relikt aus der Frühzeit bewundert? Wie sieht es denn in den Familien aus? Wo finden wir noch den Vater, der seine Rolle als Vater wahrnimmt und die Mutter, die darin ihre Erfüllung sieht, für ihre Familie dazusein? Es gibt Frauen, die wagen es kaum einzugestehen, wenn sie nach ihrem Beruf gefragt werden; dann kommt es ganz verlegen heraus, als müßten sie sich entschuldigen: »Ich bin *nur* Hausfrau.« Die Emanzipation gilt als selbstverständliche Voraussetzung der fraulichen Entfaltung, wobei die Erziehung der Kinder häufig Fremden überlassen bleibt. So wächst eine bindungslose Generation heran, die nirgends Wurzeln schlägt.

Der Preis aber ist Angst.

Wundern wir uns da, wenn die Zahl der Selbstmorde von Jahr zu Jahr steigt?

Der Sprung in die Freiheit

In Japan ist trotz aller Aufgeklärtheit und allen Fortschritts die familiäre Bindung und der Zusammenhalt des Ganzen wesentlich stärker als ich es in Deutschland angetroffen habe. Daher ist auch die Angst nicht so ausgeprägt.

Individualität hat logischerweise eine Isolation zur Folge. Japan denkt vorwiegend noch im Kollektiv. Der einzelne ordnet sich ein in die Gruppe oder in die Ortsgemeinschaft. Das bedeutet einerseits eine gewisse Einschränkung der Freiheit, auf der anderen Seite aber auch Geborgenheit und Sicherheit. Wenn nun einer aus dieser festen bergenden Ordnung in eine kalte Isolation hineingelangt, so wird eine Anpassung nur schwer gelingen.

Ich erinnere mich an Taro, einen jungen japanischen Studenten. Er hatte jahrelang für eine Reise gespart und fieberte darauf, endlich Deutschland zu sehen. Es war das erste Mal, daß er seine Heimat verließ. Er kannte niemanden in Deutschland. Es war für ihn ein verlokkendes Abenteuer. Er freute sich, endlich die bindenden Fesseln seiner Familie abschütteln zu können. Er wollte frei sein.

Unmittelbar vor seinem Abflug hatte ihm sein Vater unsere Anschrift in die Jackentasche gesteckt mit der Bemerkung: »Es kann sein, daß du im Ausland in Schwierigkeiten gerätst, dann ist da wenigstens einer, der deine Sprache spricht.«

Aber Taro lachte nur. Er war jung, hatte die Flugkarte in der Hand, seine Papiere waren in Ordnung – was hätte schon geschehen können!

Er landete zunächst in Paris. Im Vergleich zu dem Menschengewühl in Tokio wirkte Paris beinahe wie ein Dorf. Aber er verstand kein Wort von dem, was um ihn herum gesprochen wurde. Zum ersten Mal stieg ein Gefühl der Verlassenheit in ihm auf. Aber sein Ziel war ja Deutschland. So fuhr er weiter nach Köln. Das war ausgerechnet an einem Rosenmontag.

Als er auf dem Kölner Hauptbahnhof stand, war er verwirrt. Er drängte sich durch die Massen in Richtung Innenstadt und erschrak. War das das Volk der Dichter, Denker und Musiker? Was er hier sah, hatte er noch in keinem Lehrbuch gefunden. Eine panische Angst überfiel ihn. War er wirklich in Deutschland oder nicht vielmehr in einem riesigen Irrenhaus?

Eigentlich war er hungrig und hätte essen sollen; aber die Kehle war ihm wie zugeschnürt. Wie in einem Alptraum versuchte er, sich seinen Weg zu bahnen – aber vergebens. Er wurde mitgerissen von einer tobenden, tanzenden, maskierten Masse Mensch.

Er verstand kein Wort und hatte auch seinerseits keine Möglichkeit, sich zu verständigen. Zwischendurch glaubte er, das Wort »Japaner« zu hören. Da fühlte er sich bedroht, verfolgt – wohin sollte er fliehen?

In letzter Verzweifelung fiel ihm unsere Anschrift ein. So zog er den schon zerknüllten Zettel heraus, als wollte er sich daran festklammern. Da er niemanden auf deutsch oder englisch anreden konnte, zeigte er nur auf die Adresse mit den Worten: »Hier – hier!« So kam es, daß am nächsten Morgen ein Taxi vor unserer Haustür hielt.

Taro atmete auf. Er fühlte sich zu Hause.

Später haben wir über dieses Erlebnis miteinander gesprochen. Was war es, das dieses Erschrecken in ihm auslöste, diese würgende Angst? War es die Einsamkeit inmitten eines fremden Landes, das Herausgelöstsein aus dem Vertrauten? Er beteuerte immer wieder, daß er dieses Gefühl in Japan nie gekannt habe. Und in der Tat: eine allgemeine Angststimmung, eine unerklärliche Bedrückung oder Weltangst ist uns Japanern kaum bekannt.

In enger Nachbarschaft von Rußland und China fühlen wir uns trotzdem nicht bedroht. Ist es die Weite des Meeres, die uns Freiheit vortäuscht, oder sind wir Meister im Verdrängen? Oder liegt es daran, daß wir in der Gegenwart leben und nicht vor zukünftigen Möglichkeiten zittern?

Zweifellos, es gibt viele Probleme in unserem Land, Probleme, die durch die Überbevölkerung oder auch die Industrialisierung über uns hereingebrochen sind. Aber die enge Zugehörigkeit läßt der Angst keinen freien Raum. Es gibt konkrete Anlässe, die Furcht erregen, aber Angst als Folge eines ausgeprägten Individualismus' ist bei weitem nicht so ausgeprägt wie in europäischen Ländern. Doch in dem Maße, wie der westliche Einfluß in Japan spürbar wird, und der einzelne sich loslöst von der Gemeinschaft, keimt auch die Angst.

Kindliche Angst

Für die kindliche Phantasie sind Hexen und Gespenster etwas sehr Reales. Es hat wenig Erfolg, den Vorhang beiseite zu ziehen und das Kind zu überzeugen, daß sich dahinter kein Gespenst verborgen hält. Das Kind lebt in einer Welt, in der jeder Schrank Gestalt wird, der Garderobenständer sich bewegt und der Fensterrahmen ihm zuwinkt.

Die Ängste eines Kindes sind ernst zu nehmen. Ein Kind lebt in einer anderen Wirklichkeit als ein Erwachsener. Es kann gewisse Situationen noch nicht überblicken oder einordnen. Auf der einen Seite lebt es unbefangener, unvermittelter, gleichsam intuitiver – auf der anderen Seite fühlt es sich stärker ausgeliefert.

Nehmen wir etwa ein einjähriges Kind. In diesem Alter lebt das Kind noch vorwiegend in dem Ur-Wir, dem ursprünglichen Einssein mit der Mutter. Allein dort wird angstfreie Geborgenheit erlebt. Außerhalb dieser Geborgenheit ist das Kind anfällig, sei es für Schrecksituationen oder überhaupt für alles, was es als fremdartig erlebt.

Mit zunehmendem Alter wandelt sich die Angstbereitschaft. Bis zu einem Alter von etwa 4 Jahren können wir beobachten, wie das Kind völlig unvoreingenommen, instinktiv sich einem Tier nähert. Erst nach einer negativen Erfahrung oder den warnenden Zurufen eines Erwachsenen wird sein Verhalten vorsichtig, verunsichert, ängstlich geprägt. Das Kind muß lernen, mit Gefahrensituationen richtig umzugehen. Dazu ist eine vernünftige Anleitung erforderlich.

Dasselbe gilt für sein Verhalten im Straßenverkehr. Auch hier hat ein kleines Kind zunächst kein Gefahrenbewußtsein. Es lebt im spontanen Spiel völlig selbstvergessen.

Oder denken wir an das kindliche Verhalten dem Feuer gegenüber. Das Kind erlebt in den ersten Lebensjahren Feuer als etwas Anziehendes, Lustbetontes. Wie von magischer Gewalt wird es von der leuchtenden Helle angezogen. Je älter das Kind wird, desto vorsichtiger wird es reagieren.

Wie eng Angst und Geborgenheit miteinander in Beziehung stehen, sehen wir daran, daß ein Kind beispielsweise gelassen und fröhlich plaudernd durch einen dunklen Tunnel gehen kann, wenn es die Hand der Mutter spürt oder sich auf dem Arm des Vaters befindet. Da wird die Dunkelheit zu einem Abenteuer. Solange das Kind an der Hand der Mutter ist, weiß es sich geborgen. Auch wenn ringsumher die Welt zusammenstürzt – im Arm der Mutter empfindet es keine

Angst. Aus Erfahrung weiß es, daß ihm von seiten der Mutter nur Gutes zukommt. Hier liegt für das Kind die Quelle der Geborgenheit.

Wo jedoch dieses Ur-Vertrauen gestört ist und die Gegenwart der Mutter angstvoll erlebt wird, kann sich ein Kind nicht frei entfalten. Der Boden, aus dem es seine Nahrung empfängt, gibt ihm nicht das, was es zu einem gesunden Wachstum braucht, d. h. es muß seelisch verkrüppeln.

Ein Kind braucht eine angstfreie Zone. Es braucht das Bewußtsein absoluter Geborgenheit.

Wenn ein Kind in Gegenwart der Mutter oder des Vaters Angst empfindet, kann das ein Zeichen dafür sein, daß die Beziehung gestört ist. Das bedeutet nicht, daß wir unsere Kinder nicht zurechtweisen sollen. Doch Strafe muß immer eine unmittelbare Reaktion auf eine begangene Tat sein. Nach dieser Strafe muß eine Versöhnung stattfinden. Auch wäre es zu hart, die Strafe bis zum Abend aufzuschieben, wenn der Vater nach Hause kommt. Eine kindliche Bosheit sollte sofort bestraft werden und zwar mit der genauen Begründung: »Weil du (dies oder jenes) getan hast. . .« Das Kind muß informiert sein, andernfalls fühlt es sich zu Unrecht bestraft. Eine gerechte Strafe wird es ohne weiteres akzeptieren und ohne Schaden überstehen. Im Gegenteil, es braucht eine Grenzfestlegung. Eine konsequente Erziehung stört nicht etwa das Vertrauen, sondern festigt das Vertrauen. Eine eindeutige Richtlinie gibt dem Kind Sicherheit. Und Sicherheit wiederum ist Voraussetzung für Geborgenheit.

Anders verhält es sich bei dem sogenannten Liebesentzug. Liebe ist für ein Kind lebensnotwendig, darum empfindet es Liebesentzug als besonders grausam. Wir sollten als Eltern sehr genau abwägen, wie wir unser Kind strafen. Es wäre sehr töricht, würden wir uns von ihm abwenden und nicht mit ihm reden; diese Strafe stünde in keinem Verhältnis zu der begangenen Unart. Durch solch ein Verhalten verliert ein Kind seine Orientierung.

Die kindliche Selbstmordrate sollte uns da zu denken geben. Nicht selten waren schlechte Schulleistungen auslösender Faktor zu solch einer Verzweiflungstat. Das Kind fühlte sich zu Hause nicht mehr aufgenommen, selbstverständlich dazugehörig. Vielmehr stand Leistung im Vordergrund. Es mußte Leistung erbringen, um bei den Eltern willkommen zu sein. Das Maß an Leistung entschied über das Maß an Liebe. Aber solch ein materielles Tauschgeschäft ist keine Basis für eine störungsfreie Entwicklung.

Auch sollten wir als Eltern vermeiden, das Kind auszusperren, aus der ihm vertrauen Umgebung herauszunehmen. Isolation kann ein Kind zur Verzweiflung führen.

Innerhalb der Klassengemeinschaft beobachten wir die Angst, nicht anerkannt oder als Feigling gebrandmarkt zu werden. Schon bei den Erstkläßlern beobachten wir, daß die Gruppe einen großen Einfluß auf den einzelnen ausübt. Wenn der siebenjährige Matthias wegen seines Mantels von seinen Klassenkameraden ausgelacht wird, so bedeutet es für ihn eine harte Strafe, wenn er trotzdem am nächsten Morgen in diesem Mantel wieder zur Schule geschickt wird.

Ein Kind möchte auch von seinesgleichen angenommen und akzeptiert werden. Es will nicht auffallen, sondern sein wie alle andern. Fällt es durch eine andere Hautfarbe oder seine äußere Erscheinung aus dem Rahmen, so kann die daraus folgende Isolation zu einem schweren Schock führen, den das Kind u. U. zeit seines Lebens nicht richtig verarbeiten kann.

Wenn ein Kind durch seine äußere Erscheinung sich von anderen unterscheidet und von seinen Klassenkameraden dadurch isoliert wird, so ist es wichtig, ihm Selbstwertgefühl zu vermitteln und ihm zu zeigen, daß es geliebt wird, so, wie es ist. Darüber hinaus können wir in dem Kind ein Interesse wecken an anderen Kindern, die durch irgendein Schicksal zur Außenseiterrolle verurteilt sind, so daß sich das Kind für den Schwächeren mitverantwortlich weiß. So wird das Kind zu unserem Verbündeten und ist gegen die Anfeindungen der Klasse eher gewappnet. Auf jeden Fall müssen wir auf das kindliche Leid eingehen, das dadurch entsteht, daß es von seinesgleichen abgelehnt wird. Wir müssen sein Vertrauen gewinnen, damit es sein Leid nicht tief in sich vergräbt, sondern uns mitteilt.

Was ist Angst?

Der Begriff Angst kommt aus dem Lateinischen angustia und bedeutet so viel wie Enge, Bedrängnis. Auch im griechischen angchein klingt schon das deutsche Wort Angst mit; es wird u. a. übersetzt mit würgen, drosseln.

Angst spricht primär unser Gefühl an. Wörter wie Schrecken, Grauen, Entsetzen, Bangen, Schauder, Furcht lösen in uns ein bestimmtes negatives Gefühl aus, ein Empfinden der Enge, der Beklemmung. Angst ist die vorweggenommene Reaktion auf ein zukünftiges Ereignis, das wir erwarten. Angst deutet hin auf unsere Vergänglichkeit, auf die Begrenztheit unserer irdischen Existenz, denn Angst setzt sich zutiefst mit der Frage nach dem Tod auseinander. Die Auswirkung der Angst wird sehr unterschiedlich erlebt. Sie kann Ansporn sein und zu höherer Leistung befähigen, sie kann verborgene Kräfte in uns wecken, so daß wir gleichsam über uns selbst hinauswachsen; aber sie kann uns auch einengen und unsere Kräfte lähmen, so daß wir einfach nicht fähig sind, situationsgerecht zu handeln.

Angst ist ein natürlicher Trieb, der der Selbsterhaltung dient. Ohne Angst würden wir ungeschützt in Gefahrensituationen hineinlaufen. Daher brauchen wir die Angst als Selbstschutz. Typische physische* Angstreaktionen sind: schneller Puls und erhöhter Blutdruck, Appetitlosigkeit, Magendruck oder Durchfall, starker Harndrang, zitternde Knie; Angst kann sich im Kopfdruck oder Kopfschmerz ebenso äußern wie im Schwindelgefühl, in Schlafstörungen sowohl als auch einem Würgen im Hals. Der eine erbleicht, der andere errötet; einer erleidet einen Schweißausbruch, ein anderer klagt über einen trockenen Mund. Die Angstbereitschaft des einzelnen ist abhängig von Erziehung und Umweltprägung, aber auch von der Veranlagung.

* physische = körperliche

Was geschieht bei Angst?

Das sogenannte vegetative Nervensystem arbeitet unbeeinflußt von unserem Willen. Es steuert Herz, Atmung, Kreislauf und Verdauung und reguliert die Körpertemperatur.

Die beiden Teilsysteme Sympathicus* und Parasympathicus** verhalten sich – vereinfacht ausgedrückt – wie zwei Waagschalen zueinander. Beschleunigt der Sympathicus Blutdruck und Herzschlag und steigert somit die Leistungsfähigkeit der Muskeln, so wirkt, um das Gleichgewicht wieder herzustellen, der Parasympathicus dem entgegen, d. h. er fördert Entspannung und führt zu einem ruhigen Schlaf. Im Gegensatz zum Sympathicus erweitert er die Arterien, verlangsamt den Herzrhythmus und senkt den Blutdruck. Regt der Sympathicus die Nebennieren zur Ausschüttung von Adrenalin*** an, so sorgt der Parasympathicus wieder für den entsprechenden Ausgleich.

In Angstsituationen dominiert der Sympathicus. Alle körperlichen Funktionen werden aufs Äußerste gesteigert. Diese Anspannung darf nicht überstrapaziert werden, da sonst der gesamte Organismus unter Streß stehen würde. Darum ist es wichtig, daß An- und Entspannung immer in einem gesunden Gleichgewicht bleiben. Normalerweise übernimmt unser Körper diese Steuerung völlig selbständig. Über unsere Sinnesorgane gelangt der Angstreiz zunächst an die Hirnrinde. Wir empfangen das Gefahrensignal. Dieses Signal wird weitergegeben an das Nebennierenmark, woraufhin die Adrenalinausschüttung erfolgt. (Zwar sind noch weitere Hormone für eine Affekterregung verantwortlich, doch können wir in diesem Rahmen darauf verzichten.) Diese Hormone versetzen den Körper in Kampf- oder Fluchtbereitschaft. Unser gesamtes Nervensystem arbeitet auf Hochtouren. Die Alarmbereitschaft wird dem Gehirn zurückgemeldet und wir registrieren den schnellen Pulsschlag, Schweißausbruch, Übelkeit und Harndrang. Auch in der Atmung kommt es zu einer Veränderung. In der Regel beginnen wir, schneller und oberflächlicher zu atmen. Diese oberflächliche Atmung kann bis zu einer Hyperventilation führen, einem Hecheln, wobei viele über Luftnot kla-

* Sympathicus = mitfühlend verbunden
** para = neben, beiderseits, außer, drüber hinaus
*** Adrenalin = Hormon aus dem Nebennierenmark

gen. Wir kennen den Ausdruck: Mir stockt der Atem, d. h. die Atmung wird blockiert. Bei einer normalen Atmung dehnen sich die Lungen aus und ziehen sich wieder zusammen; bei dem sogenannten Hecheln bleibt das Zwerchfell unbeteiligt, so daß man nur an der Oberfläche atmet, wobei unbewußt mehr aus- als eingeatmet wird. Auf diese Weise kann eine Hyperventilationstetanie* entstehen.

Ähnlich wie bei der Angst kommt es bei plötzlichem Erschrecken – etwa durch einen lauten Knall – zu einer Reihe von motorischen Reflexen wie Augenschließen, Muskelverspannungen, Zusammenzukken des Rumpfes und vasomotorischen** Begleiterscheinungen wie Zittern, Herzklopfen usw. Auch hier wieder geht die Reflexmeldung vom Kopf bis zu den Füßen.

Folgendes Schema zeigt den Zusammenhang zwischen Ursache und Wirkung (s. Zeichnung S. 22).

Wir sehen auf dieser Abbildung, daß der Angst eine oder mehrere Ursachen zugrunde liegen.

Im Bereich der Seele und des Geistes wird die Angst registriert. Es kommt zur Verarbeitung der Angst. Da wir aber leibgebunden sind, findet diese Verarbeitung auch im Bereich des Körpers statt, d. h. unsere körperlichen Funktionen werden mit beeinflußt. So treten in der Phase, in der Angst wahrgenommen wird, körperliche Begleiterscheinungen in Aktion. Das, was wir als unangenehm erleben – wie Herzklopfen, Harndrang, Schweißausbruch usw. – dient zu unserem Schutz. Es ist ein automatischer Schutzmechanismus, einer Alarmanlage vergleichbar, die vor einem Einbruch warnt. Diese körperlichen Veränderungen sind daher keine Krankheit und sollten auch nicht überbewertet werden. So ist beispielsweise eine Extrasystole*** noch kein Zeichen einer Herzerkrankung! Es wurden verschiedene Untersuchungen über dieses ›Herzstolpern‹ durchgeführt, wobei man festgestellt hat, daß eine solche Herzrhythmusstörung auch erlernt werden kann. Unter bestimmten Umständen und Voraussetzungen kann man die Extrasystole selbst hervorrufen.

Nach einiger Zeit normalisiert sich der Herzschlag wieder. So wird nach einer Angstreaktion im allgemeinen früher oder später das leibseelische Gleichgewicht wieder hergestellt sein. In der Regel bildet

* Hyperventilationstetanie = durch übermäßige Ausatmung von Kohlendioxyd ausgelöster Muskelkrampf

** vasomotorisch = die Gefäßnerven betreffend

*** Extrasystole = Herzrhythmusstörung, die als Herzstolpern erlebt wird

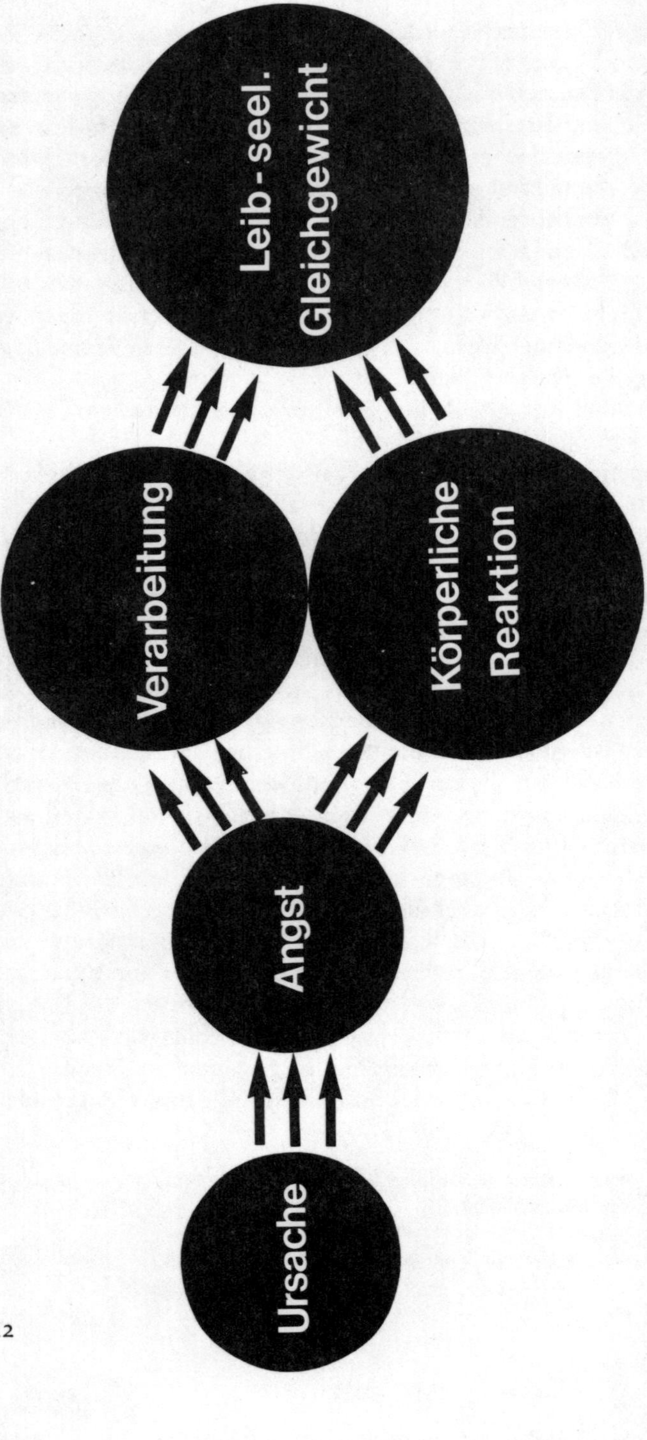
Ursache
Angst
Verarbeitung
Körperliche Reaktion
Leib-seel. Gleichgewicht

sich dieser Schutzmechanismus unseres Körpers schon wenige Sekunden nach Abklingen der akuten Gefahr wieder zurück. Doch können gewisse Schrecksituationen auch pathologisch* verarbeitet werden, so daß der Betreffende mit einer Phobie reagiert, einer krankhaften Angstbereitschaft, die in keinem Verhältnis mehr zu der tatsächlichen Gefährdung steht. Auch kann das Angleichungsprinzip gestört sein, wobei der Körper in einen krankhaften Alarmzustand versetzt wird (s. Zeichnung S. 24).

* pathologisch = krankhaft

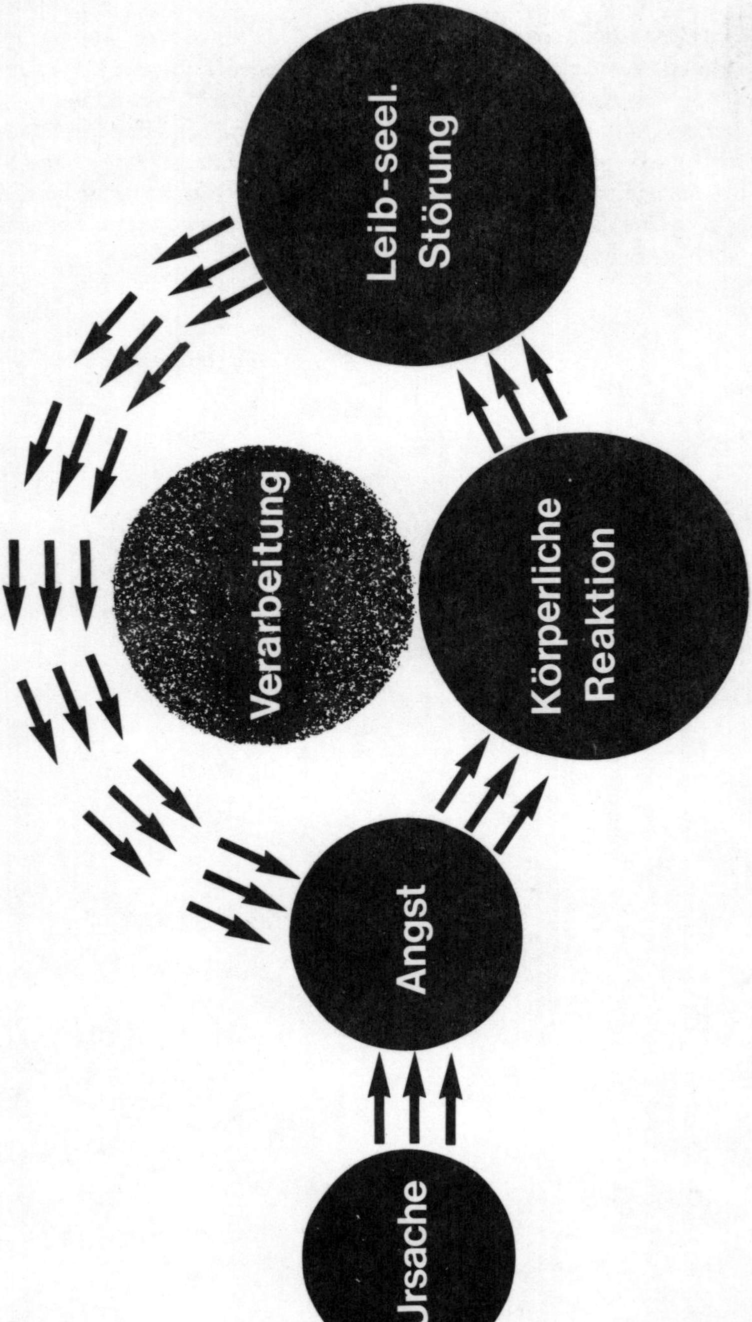
Ursache
Angst
Körperliche Reaktion
Leib-seel. Störung
Verarbeitung

Angst und Krankheit

Eine junge Mutter von drei Kindern klagte über eine unerklärliche Angst. Sie hatte Angst, morgens aufzustehen; Angst vor jeder Aufgabe, die auf sie wartete; Angst, von Gott verworfen zu sein; Angst – Angst ... Aber diese Angst war nicht in erster Linie vom Psychologischen her zu erklären, sondern als begleitendes Symptom ihrer *endogenen Depression* zu verstehen. Nachdem sie eine Zeitlang mit Antidepressiva behandelt worden war, verschwanden auch die quälenden Angstsymptome.

Es gibt eine Angst, die Ausdruck einer Krankheit ist. Bei einer *Schizophrenie* kann beispielsweise eine panikartige Angst auftreten. Der Kranke fühlt sich von einem Unbekannten verfolgt und gerät in angstvolle Bedrängnis, weil er seinen Feind nicht kennt. Gelingt es, den akuten Krankheitsschub durch Medikamente unter Kontrolle zu bringen, so schwindet auch die Angst.

Dasselbe Phänomen beobachten wir bei sogenannten *exogenen Psychosen,* die durch äußere Ursachen – wie Medikamenten- oder Alkoholmißbrauch – hervorgerufen werden können. In der Drogenszene ist der Horrortrip besonders gefürchtet, wobei eine höllische Angst den Süchtigen überfällt. Diese Angst wird durch eine Vergiftung hervorgerufen. Auch beim Entzug gewisser Suchtmittel kann ein extremer Angstzustand beobachtet werden, der nicht selten mit großer Erregung einhergeht.

Weiter begegnen wir Angst bei *funktioneller Hypoglykämie.* Bei diesen Kranken ist aufgrund einer zu hohen Insulinausschüttung der Zuckerspiegel zu niedrig. Dieser Zustand kann durch ein Überangebot von Kohlehydraten entstehen. Es ist bekannt, daß Kohlehydrate zu Glukose, der einfachsten Form von Zucker, verarbeitet werden, was die Bauchspeicheldrüse zur Insulinausschüttung anregt, so daß der Zuckerspiegel wieder gesenkt wird. Dieser Reflex kann nun im Laufe der Jahre sensibilisiert sein, so daß schon bei geringer Aufnahme von Kohlehydraten eine übermäßige Insulinausschüttung erfolgt. Ist aber der Zuckerspiegel zu niedrig, kann ein hypoglykämischer Schock entstehen, der von Angst begleitet wird.

Angst begegnen wir außerdem bei extremer *Erschöpfung*, vor allem, wenn es sich um eine chronische Erschöpfung handelt. Kommt es zu einer Wiederherstellung der körperlichen Kräfte, so weicht auch die Angst.

Darüber hinaus gibt es noch weitere Krankheitsformen, die von Angst begleitet werden; doch sind die soeben aufgeführten Ursachen am häufigsten in der Praxis anzutreffen.

Angst und Zwang

Die meisten Menschen kennen Zwänge in irgendeiner Form. Am bekanntesten sind die sogenannten Kontrollzwänge, wenn wir zwei- oder dreimal nachschauen müssen, ob auch wirklich der Herd ausgeschaltet und das Licht gelöscht oder die Tür verschlossen ist. Vor allem sensible und äußerst gewissenhafte Menschen neigen dazu, Zwänge zu entwickeln. Aus ihrem Drang, alles perfekt zu erledigen, bringen sie es nicht fertig, einen kleinen Schmutzfleck zu übersehen oder eine Arbeit unerledigt liegen zu lassen. Im allgemeinen sind derartige Zwänge nicht so stark ausgeprägt; aber es gibt Zwänge, die die Gesamtpersönlichkeit bestimmen. Zwänge und Zwangsvorstellungen lassen sich nur selten durch Vernunftgründe beeinflussen. Manche dieser Zwänge sind aus einer frühkindlichen Verdrängung zu erklären.

Helga lebte in einer zwanghaften Erwartungsangst. Sie konnte sich einfach kein konfliktfreies Leben vorstellen. Alles, was sie erlebte, deutete sie auf ihren Tod. War sie unterwegs, so zählte sie ihre Schritte bis zum nächsten Haus mit dem Gedanken: ›Wenn es weniger als 30 Schritte bis zum nächsten Haus sind, werde ich sterben, bevor ich 30 Jahre alt geworden bin‹ oder ›wenn mich jetzt ein Auto überholt, ist das ein Zeichen, daß ich durch einen Autounfall ums Leben komme‹ oder ›wenn der Briefträger heute an meiner Tür schellt, werde ich an Krebs sterben‹ oder ›wer den angeschlagenen Teller auf seinem Platz hat, muß als erster sterben‹ usw.

Ihr ganzes Denken bewegte sich in negativen Spurrillen. Wollte sie in Urlaub fahren, so wagte sie nicht, sich darauf zu freuen, weil sie ganz genau zu wissen meinte, daß im letzten Augenblick irgendetwas dazwischenkommt, sei es, daß ihr Kind erkrankt oder sie selbst. Es war, als zöge sie mit ihrer negativen Erwartungsangst das Unglück an sich. Traf dann eine ihrer Befürchtungen wirklich ein, war sie zufrieden. So lebte sie in einer angstgeladenen Spannung, für die sie sich im Grunde selbst entschieden hatte.

Als Kind war sie sehr streng erzogen worden. Ihre Eltern waren überzeugt, nach den Maßstäben der Bibel zu handeln. Aus Angst, die Sympathie Gottes oder ihrer Eltern zu verlieren, unterwarf sich dieses Kind und wagte es nicht, seinen eigenen Interessen nachzugehen. Noch als sie erwachsen war, lebte sie wie in einem Käfig, an dem sie sich wundrieb, bis sie es aufgab, dagegen anzukämpfen. Sie wollte nicht mehr über die Problematik nachdenken, die ihr zu schaffen machte. Sie konnte doch nichts ändern. So zeigte sie sich nach außen, als sei alles in Ordnung, doch in ihr lebte ein tiefer, verborgener Groll und eine geheime Anklage.

Eines Tages, als sie in der Kirche saß, durchzuckten sie plötzlich gotteslästerliche Gedanken. Diese Gedanken begleiteten sie von da an überall. Und wenn sie am Abend ihr Gebet sprach, schwangen im Hintergrund Lästergedanken mit. Sie wehrte sich verzweifelt dagegen und wagte keinem Menschen davon zu sagen. Aber je mehr sie diese Gedanken geheim zu halten versuchte, desto quälender wurden sie. Schließlich bestimmten alle möglichen Formen von Zwangsgedanken ihre Entscheidungen, so daß es ihr unmöglich war, eine freie Entscheidung zu treffen. Sie versuchte sich damit zu rechtfertigen, daß es der Wille Gottes für sie sei, auf ein normales Leben zu verzichten. So schlug sie jedes Angebot der Freude aus, als wollte sie sich mit einem erbärmlichen Leben an ihrer Umwelt rächen. Ihr Zwang glich einem versteckten Angriff.

Nicht selten werden Zwänge auf ein anderes Objekt übertragen. Hier sprechen wir von einer Verschiebung.

Ein Kind leidet beispielsweise unter seinem einengenden, fordernden Vater, sieht aber keine Möglichkeit, seine Aggression dem Vater gegenüber zum Ausdruck zu bringen. So sucht es sich unbewußt einen Ersatz, der weniger Widerstand leistet.

Mary ist eine junge Mutter, die ihre beiden Kinder von Herzen liebt. Sie würde nie auf den Gedanken kommen, ihren Kindern in irgendeiner Weise einen Schaden zuzufügen. Desto unbegreiflicher ist es ihr, daß sie jedesmal, wenn sie ein Messer zur Hand nimmt oder einen spitzen Gegenstand sieht, von dem zwanghaften Gedanken überfallen wird, ihre Kinder umzubringen.

Als Kind hegte Mary eine starke Aggression gegen ihren Vater. Diese Aggression spitzte sich zeitweise bis zum Tötungswunsch zu. Doch wagte sie verständlicherweise nicht, diesen Gedanken zu formulieren, und unterdrückte ihn sogleich. Jahre später meldete sich dann die verdrängte Aggression in verschobener Form.

Erfahrungsgemäß lassen sich Zwänge nur sehr schwer behandeln. Eine Lösung dieser Problematik liegt einmal im Bewußtwerden der Zusammenhänge, zum andern im Verzicht auf die versteckte Aggression, d. h. in der Bereitschaft zur Vergebung, und schließlich im Nachreifen der Gesamtpersönlichkeit.

Krankhaft übersteigerte Angst

Wie wir bereits andeuteten, entsteht Angst als Abwehr einer Gefahr und ist als Schutzmechanismus des vegetativen Regulationssystems zu verstehen. Wenn aber das Adaptionsprinzip* nicht mehr funktioniert, kann ein übersteigerter Angstmechanismus ausgelöst werden, wie es etwa bei den Phobien und Angstneurosen (Herzneurose) der Fall ist. Aus irgendeinem Grunde ›klemmt‹ die Waagschale, so daß die Angst auch dann noch fortbesteht, wenn der konkrete Anlaß längst aufgehoben ist. Es kommt praktisch zu keiner ›Entwarnung‹ innerhalb des Nervensystems.

Es gibt nun verschiedene Ursachen, die zu einer Phobie führen. So kann etwa eine *negative Erfahrung* eines kleinen Kindes bei entsprechender Veranlagung im späteren Leben eine Phobie auslösen. Wenn beispielsweise ein Kind im Alter von vielleicht einem Jahr von einem Hund gebissen wurde, so bedeutet diese Erfahrung zwar ein Schockerlebnis für das Kind, aber daraus muß sich noch nicht eine Phobie entwickeln. Wenn dieses Erlebnis sich jedoch wiederholt oder das Kind von einem Erwachsenen übertrieben ängstlich beeinflußt wird, so kann daraus eine Phobie entstehen, so daß das Kind in späteren Jahren jedesmal in Panik gerät, wenn es von ferne einen Hund auf sich zukommen sieht. Das frühere Erlebnis ist längst verblaßt, ja vergessen, aber der Angstmechanismus ist geblieben.

Außer einer negativen Erfahrung kann auch eine *triebfeindliche Erziehung* zu einer Phobie führen, wie es gelegentlich bei Menschen der Fall ist, die in einer streng moralischen Familie aufwuchsen und gelehrt wurden, Sexualität mit Sünde gleichzusetzen. So oft sich sexuelle Vorstellungen oder Gedanken regten, bestraften sie sich selbst.

Anstatt die Sexualität zu bejahen und sinnvoll in das Leben einzuordnen, waren sie ängstlich bemüht, jeden sexuellen Wunsch in sich auszurotten. Das Ergebnis kann sein, daß sich blitzartig erotische Vorstellungen bei dem Anblick eines bestimmten Gegenstandes melden. So stellt dieser Gegenstand – beispielsweise ein Kirchturm – ein sexuelles Symbol dar. Je mehr der Betreffende versucht, diese Vorstellung zu bekämpfen, desto zwingender wird der Gedanke. Das kann so weit führen, daß jemand Angst vor einem spitzen Gegen-

* Adaption = Anpassungsvermögen von Organen

stand entwickelt, weil dieser in seinem Unterbewußtsein das männliche Glied symbolisiert.

Schließlich kann eine *körperfeindliche Erziehung* zu einem phobischen Verhalten führen. Es gibt Eltern, die jede Krankheit dramatisieren, wie es in einem späteren Kapitel (s. Ängstliche Erziehung) näher beschrieben wird. Die Folge ist, daß das Kind seinen eigenen Körper als feindlich erlebt und mit übermäßiger Angst bei harmlosen Störungen reagiert.

Phobien und krankhaft übersteigerte Ängste haben keinerlei Realitätsbezug. Wenn ein Mensch in eine verzweifelte Angststimmung gerät, sobald er an einer bestimmten Stelle eine Straße überqueren soll, oder wenn es ihm unmöglich ist, einen Turm zu besteigen oder einen überfüllten Raum zu betreten, so ist diesen Ängsten nicht mit vernünftigen Argumenten beizukommen. Sie werden ja von dem Betreffenden selbst als unsinnig empfunden. Dennoch üben sie eine derartige Macht aus, daß der Mensch einfach nicht in der Lage ist, gegen die Angst anzukämpfen.

Phobien sind sehr vielgestaltig. Sie reichen von der Angst vor dem Erröten über die Angst vor Krebs oder die Angst, einen Mord begehen zu müssen, bis hin zu der Angst vor der Angst. Plötzlich brechen diese zwanghaften, übersteigerten Ängste auf und können sich bis zur Panik steigern.

Hier ist ein gezieltes Training angezeigt, wie es etwa in der Verhaltenstherapie praktiziert wird. Der an einer Phobie Leidende muß üben, kleinste Schritte zu wagen. Das ist ein Lernprozeß.

Ein verkehrtes Verhaltensmuster kann entweder durch jahrelange Einübung (Erziehung) entstehen, oder aber durch ein Schreckerlebnis hervorgerufen werden, das im Laufe der Jahre sensibilisiert wurde, sei es durch Wiederholung oder falsche Reaktion, so daß dieses Erleben nicht in angemessener Weise verarbeitet werden kann. Nun aber muß ein neues Muster erlernt werden. Das ist grundsätzlich möglich, erfordert aber viel Entschlossenheit und Durchhaltevermögen. Oft ist es eine jahrelange Übung. Da ist es wichtig, daß der von Angst Gequälte nicht allein gelassen, sondern in seinen täglichen Übungen von anderen unterstützt wird.

Christa war eine junge Frau von 30 Jahren. Durch eine durchlittene Nervenentzündung war ein Bein leicht gelähmt. Als sie eines Tages die kleine Anhöhe hinter ihrem Haus hinaufstieg, um in die Garage zu gelangen, stolperte sie und stürzte so unglücklich, daß sie sich das kranke Bein brach. Nach einigen Wochen war der Bruch geheilt, aber die Angst war geblieben, ja mehr noch, die Angst zwang diese Frau ganz in ihren Bann, so daß sie sich nicht mehr aus dem Haus traute. Den ganzen Tag über bewegte sie sich so wenig wie möglich. Nun hatte sie aber einen verantwortlichen Posten, den sie auf keinen Fall verlieren wollte. So wagte sie sich schließlich am Arm ihres Mannes bis ins Auto, das ihr Mann bereits vor die Tür gefahren hatte. (An ihrem Arbeitsplatz konnte sie sich völlig angstfrei bewegen.)

Von da an wurde jeden Tag gemeinsam trainiert. Einige Zeit später blieb ihr Mann einen Schritt hinter ihr, so daß sie das Gefühl hatte, im Notfall aufgefangen zu werden.

Wochen später versuchte sie sich am Zaun entlang zu bewegen, während ihr Mann im Auto auf sie wartete. Aber den Weg bis zur Garage schaffte sie nicht. Kaum lenkte sie ihre Schritte in Richtung Garage, so überfiel sie eine lähmende Angst, und die Vorstellung, sie könne durch einen erneuten Sturz ein Leben lang an den Rollstuhl gefesselt sein, machte es ihr unmöglich, auch nur einen Schritt vorwärts zu tun.

Aber sie gab nicht auf. Tag für Tag übten sie gemeinsam, damit sie mit der Situation vertraut wurde. Dann endlich – nach mehr als zwei Jahren! – gelang es ihr, den Weg zur Garage allein zu bewältigen. Sie war nicht gestürzt. Von da an wuchs ihr Selbstvertrauen.

Angstneurose (Herzneurose)

Ängste, die plötzlich einen Menschen befallen, äußern sich häufig in körperlichen Symptomen, die u. U. unbewußt selbst erzeugt worden sind. Bei der sogenannten Herzneurose werden die Angstanfälle von nervösen Herz- und Atembeschwerden begleitet. Der Betreffende kontrolliert in banger Erwartung seinen Pulsschlag und fürchtet, einem Herzinfarkt zu erliegen oder an einer schweren, unheilbaren Krankheit zu leiden. Er klagt über innere Unruhe und Mattigkeit und zeigt eine ausgesprochene Ängstlichkeit, so daß er peinlichst alles vermeidet, was Anstrengung bedeutet. So erwartet er auch, daß alle Rücksicht nehmen und sich seinem schonenden Lebensstil anpassen. Narzistisch* ist er um das eigene Wohlergehen besorgt und darauf bedacht, alles zu vermeiden, was den bisherigen Lebensstil stören könnte. Nicht selten tyrannisiert er durch sein extremes Ruhebedürfnis die ganze Familie. Um eine »heile Welt« vorzutäuschen, müssen Berichte von Krankheit und Tod ausgeklammert werden. Mit hypochondrischen** Beschwerden läuft dieser Mensch von einem Arzt zum andern. Wenn er dann Medikamente gegen Herzbeschwerden erhält, wird er nur zu leicht in seinen Ängsten bestärkt.

So kann eine Mutter durch ihr klagsames, angstbetontes Verhalten ihre Kinder zu überbetont artigen, ängstlichen und abhängigen Menschen erziehen.

Einer Angstneurose liegt eine Ambivalenz*** zwischen Trennungswunsch und Trennungsangst zugrunde. Diese Menschen sind extrem unselbständig und von ihrer Umwelt abhängig. Als Kinder waren sie zumeist stark symbiotisch an die Mutter gebunden, die als dominierend und zugleich ängstlich erlebt wurde. Nicht selten benutzte die Mutter ihre körperlichen Beschwerden als Druckmittel.

Ich kenne viele Mütter, die sich an ihre Kinder klammern, um ihre eigene Einsamkeit und Verunsicherung zu überwinden. Durch diese starke Anklammerung aber wird es dem Kinde unmöglich, sich frei zu entfalten; vielmehr bleibt es auf die Mutter fixiert und bringt es auch im späteren Leben nicht fertig, ein eigenständiges Leben aufzu-

* narzistisch = in das ›Ich‹ verliebt

** hypochondrisch = krankhafte Neigung zur Selbstbeobachtung und Überbewertung kleiner Beschwerden

*** Ambivalenz = Doppelwertigkeit, Doppelrichtung von Gefühlen

bauen. Von daher gesehen ist es erklärlich, daß Angstneurosen in einer Familie gehäuft vorkommen und Generationen zurück verfolgt werden können.

Am häufigsten treffen wir diese Form der Angst zwischen dem 21. und 45. Lebensjahr an. Man schätzt, daß in den USA etwa 5–6 % der Bevölkerung an einer Angstneurose leiden; in der Bundesrepublik soll der Prozentsatz sogar noch um einige Prozent höher liegen.

Anita hatte in einer engen Abhängigkeit zu ihrer Mutter gelebt. Sie hatte es nie fertig gebracht, von zu Hause getrennt zu sein. Auch während ihrer Ausbildung wohnte sie bei ihrer Mutter. Dann heiratete sie, blieb aber nur wenige Kilometer von ihrem Elternhaus entfernt, so daß sie täglich Gelegenheit fand, ihre Mutter zu besuchen. Ihre Ehe konnte durchaus als glücklich bezeichnet werden. So lange sie in der familiären Geborgenheit lebte, fiel ihre extreme Ängstlichkeit nicht auf, doch plötzlich stand ein längerer Auslandsaufenthalt ihres Mannes bevor. Da die Kinder noch klein waren, mußte sie allein zu Hause bleiben. Am Tag vor dem Abflug ihres Mannes überfiel sie plötzlich eine vernichtende Todesangst mit Atembeklemmung und einer Hyperventilationstetanie. Es war, als wollte sie damit demonstrieren, daß sie nie allein gelassen werden dürfte. So oft seitdem eine Trennung bevorstand, reagierte sie mit einem derartigen Angstanfall. Sie wurde zunehmend ängstlicher und vermied es, abends auszugehen. Weil die Anfälle vorwiegend in den späten Abendstunden auftraten, stellte sich zusätzlich Angst vor der Dunkelheit ein. Allmählich dehnte sich diese Angst weiter aus, so daß sie es kaum wagte, zum Einkaufen zu gehen oder einen Besuch zu machen. Ihr Bewegungsradius wurde immer stärker eingeschränkt. Mußte ihr Mann zu einer dringenden auswärtigen Dienstbesprechung, so rief sie ihre Mutter an, damit sie nicht allein zu bleiben brauchte. Es mußte ständig jemand in ihrer Nähe sein, für den Fall, daß »etwas passiert«.

Eine zweigleisige Behandlung erwies sich bei ihr als sehr hilfreich, d. h. es wurden sowohl physische als auch psychische Zusammenhänge aufgezeigt. So wurde ihr bewußt gemacht, daß sie durch ihren Angstanfall gewaltsam demonstrieren wollte, daß sie nicht allein gelassen werden darf. Auf der anderen Seite wurde der Angstanfall als Schutzmechanismus des Körpers aufgezeigt, der die bevorstehende Situation sehr wohl registriert und durchaus angemessen reagiert hatte. So gewann sie einerseits Vertrauen zu ihrem Körper, und andererseits arbeitete sie an ihrer Reifung, so daß sie allmählich aus dem

Status des Kindseins herauswuchs. Diese doppelspurige Behandlung wurde unterstützt durch ein gezieltes Training. Heute ist sie soweit, daß sie sich auf Situationen freut, in denen sie sich bewähren kann. Wenn ihr Mann unterwegs ist, so nutzt sie diese Zeit zur Vorbereitung, ohne daß sie jemanden braucht, der sie auffängt.

Angst vor Trennung

Als unsere Kinder noch klein waren – etwa 2 oder 3 Jahre alt –, war das Kuckucksspiel sehr beliebt. Einer von uns versteckte sich, um kurz darauf wieder aufzutauchen: Kuckuck! Die Kinder waren begeistert und versuchten nun ihrerseits das gleiche. Nun, das ist ein international beliebtes Spiel, das von Kindern der verschiedensten Nationen unermüdlich wiederholt wird.

Aber was geschieht bei diesem Spiel?

Im allgemeinen findet solch ein Spiel zunächst zwischen der Mutter und ihrem Kind statt. Die Mutter ist die erste Vertraute im Leben des Kindes. In ihrer Gegenwart fühlt sich das Kind geborgen. Alles, was es braucht, empfängt es ja zunächst von seiner Mutter. Plötzlich ist diese liebvertraute Gestalt verschwunden. Das Kind sieht sich um und kann weit und breit niemanden erblicken. Es stutzt. Angst kommt auf. Es fühlt sich plötzlich verloren. Allein. Aber bevor es von dieser Angst überwältigt wird, hört es die vertraute Stimme, und da ist auch wieder die Gestalt der Mutter selbst. Welch eine Erleichterung! Welch eine Entspannung nach der soeben durchlebten Angst. Mutter und Kind fallen sich lachend in die Arme.

Hier handelt es sich um ein – manchmal doch etwas zweifelhaftes – Spiel. Aber wie, wenn dieses Spiel plötzlich Wirklichkeit ist? Noch kann das Kind nicht unterscheiden, ob es nur ein Spiel ist oder nicht. Wenn nun aber dieser vertraute Jemand tatsächlich von der Bildfläche verschwunden ist? Es könnte ja sein, daß der Tod diese vertraute Gestalt den Blicken des Kind entzieht, oder daß das Kind durch eine Scheidung der Eltern von ihr getrennt wird. Das Getrenntwerden kann aber auch durch ein einschneidendes Erlebnis in späteren Jahren geschehen, so daß die vertrauensvolle Beziehung zerstört wird. Plötzlich erkennt das Kind, daß ihm von seiner Mutter nicht nur Gutes zukommt. Es ist enttäuscht, erschrocken, verwirrt. Anstatt mit Zuneigung, reagiert es von jetzt an mit Unsicherheit.

Wo die Quelle der Geborgenheit versiegt ist, herrscht lebensbedrohende Angst.

Trennungsangst kann einen Menschen so stark überwältigen, daß er sich selbst einfach nicht wiederfindet. Dann heißt es: »Ich war zwar von Natur immer etwas ängstlich, aber solch einen Angstanfall habe ich noch nie erlebt. Und jetzt habe ich Angst, dieser Zustand würde sich wiederholen.«

Die Angst sitzt ihm im Genick. Von jetzt an lebt er in Spannung, ob und wann sich dieses Erlebnis wiederholt.

Solch eine negative Erwartung führt häufig in eine depressive Verstimmung. So hören wir dann oft: »Ich bin völlig interessenlos und wie gelähmt.«

Ein derartiger Angstanfall kommt aber nicht plötzlich wie ein Blitz vom heiteren Himmel – auch wenn es zunächst so erscheint. In der Regel durchläuft diese Angst eine jahrelange Vorbereitungszeit. Es handelt sich dabei immer wieder um das gleiche Muster.

Renate war Krankenschwester. Nach außen hin wirkte sie sehr selbstsicher, in Wirklichkeit aber war sie von einer vernichtenden Angst geplagt.

In ihrem Beruf war sie außerordentlich leistungsfähig, aber durch die ständige innere Auseinandersetzung vermochte sie kaum noch die Kraft aufzubringen, das Nächstliegende zu tun.

Im Laufe der Gespräche kam dann folgendes heraus:

Sie war als Einzelkind aufgewachsen. Ihr Vater starb, als sie noch ein kleines Kind war. So lebte sie mit ihrer Mutter allein. Die Mutter war verbittert und hatte sich von der Außenwelt total abgeriegelt, so daß sie keinerlei Gemeinschaft mit anderen pflegte. Somit war die Beziehung zwischen Mutter und Kind sehr intensiv.

Bereits als kleines Kind fühlte Renate sich von der Zuneigung und Liebe der Mutter fast erdrückt. Einerseits zwar genoß sie diese Zuwendung, aber andererseits war sie voller Abwehr. Deshalb nutzte sie jede Gelegenheit, aus diesem Gefängnis auszubrechen und eine Tante zu besuchen, die nicht sehr weit entfernt wohnte. Doch sooft sie solch einen Ausflug wagte, wurde sie von der Mutter hart bestraft. Aber nicht die Ohrfeigen waren das Schlimmste, sondern daß die Mutter tagelang kein Wort mit ihr sprach. Zwei, drei Tage herrschte ein völliges Stillschweigen zwischen ihnen.

Renate lehnte sich innerlich dagegen auf, aber nach außen hin versuchte sie, sich zu beherrschen. Was blieb ihr andres übrig? Als Renate in das Alter kam, in dem andere sich für Jungen interessierten, empfand sie, daß eine Kluft sie von ihresgleichen trennte. Von ihrer Mutter hörte sie immer nur: »Alle Männer sind schlecht. Es gibt keine glücklichen Ehen. Du sollst es besser haben. Du bleibst bei mir.« Damit schien ihr Schicksal besiegelt. Renate blieb zu Hause.

Aber eines Tages tauchte ein sympathischer junger Mann auf – und Renate heiratete – trotz heftigen Widerspruchs ihrer Mutter, trotz Ohrfeigen und Schweigen. Zum ersten Mal in ihrem Leben hatte Renate sich durchgesetzt. Doch als die Mutter einsehen mußte, daß sie ihr Ziel verfehlt hatte, fing sie an, die negativen Seiten ihres Schwiegersohnes aufzuzählen, und schloß jedesmal mit den prophetischen Worten: »Du wirst schon sehen, daß ich recht hatte. Das kann nicht gut gehen!« Aber Renate hielt unbeirrt zu ihrem Mann und hörte auf, mit ihrer Mutter über ihre Entscheidung zu diskutieren. Da erkrankte die Mutter. Renate fühlte sich schuldig. Aber sie wollte um keinen Preis wieder in das Getto zurück. Sie versuchte, die Mutter zu gewinnen und unternahm alles Mögliche, um sie wieder versöhnlich zu stimmen. In dieser Zeit erkrankte Renate selbst. Sie wurde ins Krankenhaus eingeliefert, wo ihr die Gebärmutter entfernt werden mußte. Und als sie nach der Narkose aufwachte, kam es zu einem ersten Angstanfall.

Nun handelte es sich in der Tat um eine folgenschwere Entscheidung, da sie nach einer Totaloperation nie mehr in der Lage sein würde, Mutter zu werden. Als Grund ihrer Angst aber gab sie an, die Operation könnte nicht einwandfrei durchgeführt worden sein, so daß sie schwanger werden und ein unnormales Kind zur Welt bringen würde.

Aber die eigentliche Angstquelle lag noch tiefer. Sie fühlte sich ihrer Mutter total ausgeliefert. Sie konnte einfach nicht sie selbst sein. Sie mußte denken, was ihre Mutter dachte und tun, was ihre Mutter erwartete. Die Angstanfälle wiederholten sich von jetzt an immer häufiger.

Durch eine aufdeckende Therapie fing diese intelligente junge Frau an, sich von ihrer Mutter zu distanzieren, indem sie wagte, sie selbst zu sein. Anstatt bei ihrer Aggression und Bitterkeit stehenzubleiben, wagte sie den Schritt zur Vergebung.

Heute ist ihre Mutter alt geworden, so daß sie tatsächlich auf die Zuwendung ihrer Tochter angewiesen ist. Aber die Beziehung findet jetzt auf einer anderen Ebene statt. Dadurch ist sie dieser einengenden Beziehung nicht mehr total ausgeliefert.

In dem Maße, wie ihre Selbständigkeit und Freiheit wuchsen, wich die Angst.

Eine entscheidende Hilfe in diesem Suchen nach einer neuen Beziehung war die Entdeckung, daß Gott nicht ein Mythos ist, sondern sehr real dem einzelnen begegnet. So fing sie an, mit Gott über ihre Problematik zu reden. Ihr Vertrauen zu Gott wuchs und damit auch ihre Sicherheit. Hier setzte eine echte Reifung ein mit einer neuen Zielsetzung.

Bei etwa 80 Prozent dieser angstbetonten Problematik liegt eine gestörte Mutter-Kind-Beziehung zugrunde.

Wie sich später herausstellte, litt auch ihre Mutter unter zeitweiligen Angstzuständen. Auch sie hatte in einer ganz ähnlich einengenden Beziehung gelebt; aber aufgrund heftiger Auseinandersetzungen hatte Renates Mutter sich von der eigenen Mutter – also Renates Großmutter – getrennt und sich danach vermehrt ihrem eigenen Kind zugewandt mit dem Gedanken: »Mein Kind soll es einmal besser haben.« Sie hätte es nie wahrhaben wollen, daß sie die gleiche einengende Beziehung bei ihrem Kinde wiederholt. (Siehe: Kettenreaktion) Wir sehen, wie wichtig es ist, wenn jeder dem andern seinen privaten Raum einräumt. Das ist eine Grundvoraussetzung für eine störungsfreie Entwicklung.

Ängstliche Erziehung

Sabine ist ein eingeschüchtertes, ängstliches junges Mädchen. Da die Mutter früh ihren Gatten verloren hatte, konzentrierte sich alle Fürsorge auf die Tochter. Aber zugleich war Sabine auch die Vertraute ihrer Mutter. Es gab nichts, was die Mutter ihr nicht mitteilte und mit ihr besprach. Jede Gemütsbewegung verbalisierte sie – teils höchst dramatisch – vor ihrer Tochter. Sabine dagegen brachte es nicht fertig, sich selbst mitzuteilen.

Von Kind an wurde Sabine auf jede mögliche Gefährdung hingewiesen. Sie durfte nicht mit anderen Kindern herumtollen, weil es zu gefährlich war. Sie durfte nicht mit Tieren spielen, weil Tiere Krankheiten übertragen könnten.

Sie durfte nicht im Fluß schwimmen, weil ein Strudel sie in die Tiefe reißen könnte. Und wollte sie mit Freunden einen Baum erklettern so wurde ihr vor Augen gestellt, wie leicht sie bei einem Sturz sich das Rückgrat brechen und entweder tot oder lebenslang gelähmt sein könnte.

Jede harmlose Erkältung, die Sabine von der Schule nach Hause brachte, löste größte Besorgnis aus und erforderte strengste Maßnahmen, denn eine Erkältung könnte leicht zu einer Lungenentzündung und schließlich in den Tod führen.

Die zahllosen Warnungen wurden jedesmal durch abschreckende Beispiele aus dem Bekanntenkreis unterstrichen.

So war Sabine darauf gedrillt, jeder Gefährdung aus dem Weg zu gehen. Anstatt das Kind zu trainieren, mit wachen Augen seinen Weg zu beobachten und eine Gefahr mutig zu bestehen, wurde es verunsichert und verunselbständigt.

Für die Mutter war das bequem, so hatte sie ihre Tochter stets um sich und konnte alles kontrollieren. Es war ihr nicht bewußt, wie stark sie durch ihre ständigen Warnungen ihre Tochter beherrschte. Sie nannte es »Liebe«, aber diese Liebe ließ der Tochter keinen eigenen Lebensraum. Sabine war wie die Leibeigene ihrer Mutter. Sie wußte genau, was ihre Mutter dachte und empfand, und erlebte alles in Gedanken an die Mutter.

Sabine war inzwischen 23 Jahre alt und hatte nur noch den einen Wunsch, dieser vereinnehmenden Beziehung zu entfliehen. Aber sie schaffte es nicht. Kaum hatte sie ihre Mutter verlassen, um in einer etwa 200 km weit entfernten Stadt ihre Ausbildung zu beginnen, rief sie zu Hause an, aus Angst, der Mutter könnte inzwischen etwas zugestoßen sein. Mit aller Gewalt zog es sie wieder nach Hause, um nachzusehen, wie es der Mutter ging. Doch kaum war sie zu Hause, hielt sie es nicht mehr aus und reiste überstürzt wieder ab.

Die Angst, mit der sie selbst ein Leben lang von der Mutter begleitet wurde, war nun zu einem Teil ihrer Persönlichkeit geworden. Alles, was auf sie zukam, löste in ihr Angst aus. Sie empfand ihre Ängstlichkeit als Last – aber sie konnte sie nicht mehr abschütteln.

Nun möchte sie gerne eine eigene Familie gründen. Aber schon bei diesem Gedanken wird sie von Ängsten geplagt. Sie kann sich ein normal verlaufendes Leben einfach nicht vorstellen. Sie erwartet Unglück und Komplikationen, als gehöre das Negative zu ihr wie ihre Haut.

In der Sprechstunde begegnen wir häufig Menschen, die durch eine angstauslösende Erziehung gestört sind. Noch als erwachsene Menschen können sie sich nur sehr schwer aus dieser Umklammerung wieder lösen.

Ich für dich – du für mich

Versuchen wir, die Ur-Motivation solch einer ängstlichen Erziehung aufzuspüren, so kommen wir auf einen ganz simplen Nenner: du gehörst mir. Du bist mein Besitz. Weil ich für dich da bin, erwarte ich auch, daß du für mich da bist. Dieser Besitzanspruch wird nur zu häufig mit Liebe gleichgesetzt, hat aber nichts mit der Liebe zu tun, von der Paulus in 1. Korinther 13 sagt, daß sie nicht ihren Vorteil sucht.

Es ist ein tief in uns liegendes Gesetz, daß wir uns nach Liebe ausstrecken. Dieses Verlangen ist ganz natürlich. Aber es kann sich so steigern, daß wir völlig davon beherrscht werden. Wir möchten den anderen ganz in unseren Besitz zwingen. Wir möchten eine Einheit mit ihm bilden. Diese Sehnsucht hat in einer Ehe bis zu einem gewissen Grad eine Berechtigung und wird auch Erfüllung finden. Aber in einer Mutter-Kind-Beziehung hat sie erschreckende Folgen. Denn solch ein symbiotischer Wunsch muß die natürliche Lebensentfaltung eines Kindes unterbinden. Wie ein Fluch belastet solch eine einengende Beziehung u. U. das ganze Leben eines Menschen und zeigt schließlich ihren zerstörerischen Einfluß noch in der nachfolgenden Generation.

Ich will versuchen, anhand einer kleinen Skizze diesen Vorgang zu verdeutlichen (s. Zeichnung S. 42).

Hier ist eine große Figur, die die kleine Figur ganz umschließen will und eine Einheit erstrebt.

Solch eine Beziehung ist sicher in der Kindheit möglich und teilweise sogar notwendig. Aber, wenn diese kleine Figur sich entwikkelt, wird sie zu einem eigenständigen Individuum. Das aber setzt Trennung voraus.

Solange sich das Kind im Leib der Mutter befand, war es aufs engste mit ihr verbunden. Alles, was es zum Wachstum brauchte, empfing es ja von seiner Mutter. Dann aber wurde die Nabelschnur durchtrennt. Zwar war das Kind noch immer auf die Fürsorge der Mutter angewiesen, aber zugleich brauchte es von Woche zu Woche mehr seinen eigenen Lebensraum.

Wenn wir ein kleines Kind beobachten, das noch nicht einmal sprechen kann, stellen wir oft mit Erstaunen fest, mit welch einer eindeutigen Dringlichkeit, ja Leidenschaftlichkeit dieses kleine Wesen seinen eigenen Weg verfolgt und versucht, sich den Forderungen der großen Mutter zu widersetzen. Es ist der natürliche Trieb in uns zur

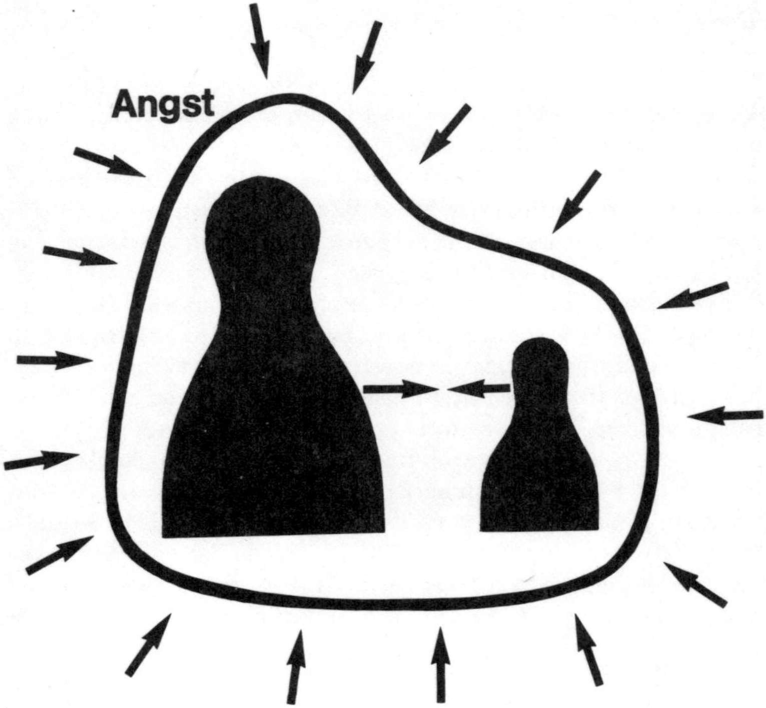

Eigenentfaltung. Ohne dieses Drängen würden wir nie zur Persönlichkeit heranreifen können. Nun gilt es, dieses Bestreben in die richtigen Bahnen zu lenken, damit die Persönlichkeit sich angemessen verhalten lernt und sich in die Gesellschaftsordnung einzufügen vermag. In diesem Entwicklungsprozeß sind die Eltern dem Kind zur Seite gestellt. Sie sollen ihrem Kind helfen, erwachsen zu werden. Aber häufig ist es der Fall, daß die Eltern der Entwicklung des Kindes entgegenwirken.

Im allgemeinen ist es die Mutter, die es einfach nicht wahrhaben will, daß ihr Kind mit einem Male nicht mehr ihr gehört. Daß sie zwar für das Kind bereit sein – aber keinen Anspruch mehr erheben soll.

Wie an einer unsichtbaren Nabelschnur möchte sie das Kind weiterhin an sich binden. Das Selbständigwerden des Kindes erlebt diese Mutter als Verlust und äußert entsprechend ihren Unwillen. Daraufhin wird der natürliche Trieb zur Selbständigkeit in dem Kind Angst auslösen. Aufgrund dieser Schuldangst wendet es sich erneut der Mutter zu, drängt aber zugleich wieder weg von ihr. Es entsteht gleichsam eine Zieharmonika-Beziehung. Das Kind hat Angst vor der Selbstwerdung, weil seine Selbstwerdung offensichtlich für seine Umwelt eine Gefahr darstellt.

Natürlich liebt es seine Mutter und möchte sie nicht verlieren. So wird das Kind hin- und hergerissen.

Wenn die Mutter-Kind-Beziehung sich zu lockern beginnt, verstärkt sich die Angst der Mutter. Nein, das darf nicht sein, daß mein Kind mich verläßt. Was soll werden, wenn ich alleine bin! Dieser Gedanke erfüllt die Mutter mit Entsetzen. Aber da sie irgendwie ahnt, daß ihre Motivation nicht gut ist, verdrängt sie ihr egoistisches Motiv und gibt sich als große Beschützerin aus, als sei das Kind ohne ihren Schutz der bösen Welt ausgeliefert.

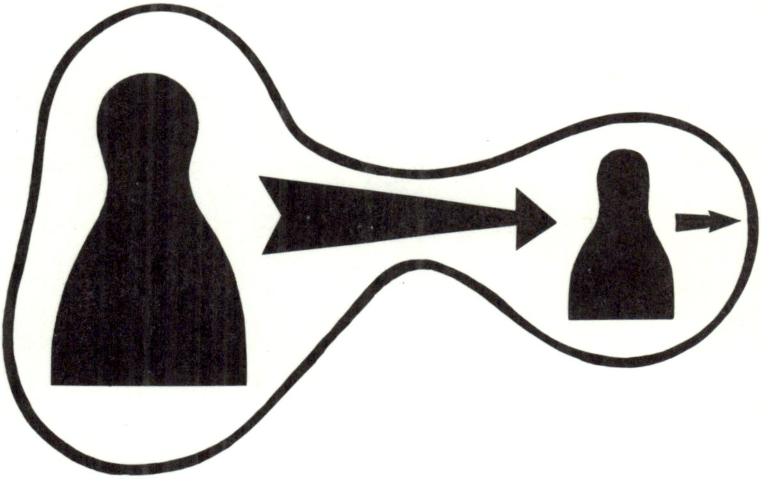

Anstatt zuzugeben: Ich bin in Gefahr! versucht sie, dem Kind klar zu machen, daß es ohne seine Mutter aufs höchste bedroht ist.

Wenn das Kind nun – trotz der mütterlichen Warnung – von der Mutter wegstrebt, zwingt die Mutter u. U. durch Krankheit das Kind zum Bleiben. Will das Kind noch immer die Mutter verlassen, kann das nur mit massiven Schuldgefühlen verbunden sein. Und in vielen Fällen kommt das Kind wieder zurück (s. Zeichnung S. 44).

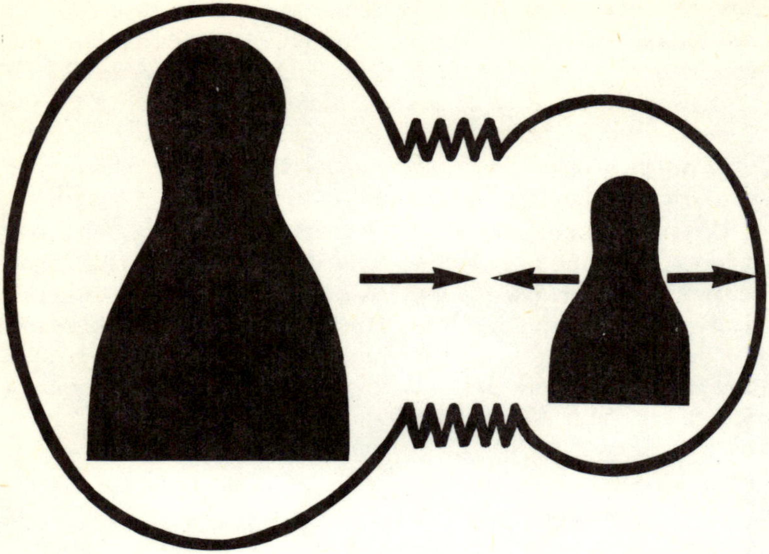

Für die Mutter ist die Welt wieder in Ordnung; aber das Kind ist verbittert, weil es merkt: Ich bin kein Individuum, sondern nur eine Schachfigur, die meine Mutter nach ihren Wünschen setzen kann. Die Reaktion ist dann entweder Rebellion oder Unterwerfung. Unterwerfung aber vermehrt die Unsicherheit des Kindes und bewirkt Auflehnung und Haß.

Kettenreaktion

Wenn dieses Kind erwachsen geworden ist, setzt es im allgemeinen dieselbe Beziehung weiter fort. Zeitlebens hatte dieser Mensch in einer einengenden Beziehung gelebt, die durch eine überängstliche und zugleich dominierende Mutter geprägt war. Die Mutter-Kind-Beziehung war im Laufe der Jahre für das Kind zu einer Angstquelle geworden, aber zugleich kann es sich nicht distanzieren. Auch hier wieder ein Beispiel:

Helga war das jüngste von fünf Geschwistern und als Nachkömmling die ganze Freude der alternden Mutter. Die anderen Kinder hatten längst das Haus verlassen, doch Helga war die Erfüllung im Leben der Mutter.

Als Helga eines Tages heiratete, reagierte die Mutter mit Eifersucht auf ihren Schwiegersohn. Aber als dann das Enkelkind geboren wurde, war die Großmutter zutiefst erfreut. So oft sie nur konnte, nahm sie das Kind zu sich, versorgte es und tat ihm jeden Willen. Dieses kleine Wesen war wie ein Hoffnungsstrahl in dem Leben der Großmutter. Ganz unverständlich war ihr daher das Verhalten ihrer Tochter, die sich immer wieder zwischen das Kind und seine Großmutter stellte. Die junge Mutter aber hatte Angst, daß dieselbe besitzergreifende Beziehung, die ihr Leben überschattet hatte, auf ihr eigenes Kind übergeht. Das wollte sie um jeden Preis verhindern. Eine derartige Belastung sollte sich nicht im Leben ihres Kindes wiederholen! So stellte sich die Mutter schützend vor ihr Kind, um es gegen seine Großmutter abzuschirmen.

Die junge Mutter war bemüht, ihr eigenes Kind ängstlich abzuschirmen und nahm es unter die eigenen Fittiche. Auf gar keinen Fall sollte großmütterlicher Einfluß das Leben ihres Kindes vergiften! Weil sie die alte Beziehung nicht wiederholen wollte, versuchte sie, diesem Einfluß entgegenzuwirken. Sie tat es mit Nachdruck. Die bestimmende Art der jungen Mutter aber löste die gleiche Beziehung wieder aus. Die Mutter sah ihr Kind bedroht und reagierte mit Angst. Und aufgrund dieser Angst wurde eine beherrschende Beziehung erneut sichtbar, eine Beziehung, die von der Angst geprägt war.

Angst vor dem Alleinsein

Einsamkeit ist zum Symbol unserer Zeit geworden, das Gefühl der Verlorenheit, allein, fremd, ohne Bezugsperson, ohne Heimat. Und weil der Mensch nicht weiß, zu wem er gehört, hat er keine Kraft, sein Leben schöpferisch zu gestalten.

Elke war einer Einladung nach München gefolgt. Ein kleines Team sollte dort über die Entstehung eines Films beraten, bei dem sie mitwirken sollte. Sie freute sich auf diese Reise und war voller Ideen, wie sie den Tag gestalten könnte.

Als sie auf dem Münchener Hauptbahnhof eintraf, war sie zunächst enttäuscht, daß sie von keinem erwartet wurde; doch machte sie sich auf den Weg zu dem Hotel, in dem die Besprechung stattfinden sollte. Am Abend dann verabschiedete man sich voneinander und ging. Nur Elke blieb allein zurück. Als sie die Tür ihres Hotelzimmers hinter sich schloß und allein war, wurde sie plötzlich von Panik erfaßt. Wie, wenn sie heute nacht plötzlich sterben würde? Es wäre niemand da, den sie rufen könnte. Ihr Herz schlug, als wollte es ihre Brust sprengen. Je mehr sie auf ihren Pulsschlag achtete, desto verzweifelter wurde sie. Es war ihr unmöglich, ihre Gedanken zu ordnen. Sie stand auf und wollte zum Telefon, um mit ihrer Mutter Kontakt aufzunehmen. Aber es war mitten in der Nacht, außerdem hätte sie es nicht gewagt, der Mutter ihren Zustand zu schildern. Was auch hätte sie ändern können! So verbrachte Elke die Nacht in höchster Anspannung. »Es war eine Angst zum Wahnsinnigwerden«, gestand sie später. Dabei hätte sie nicht einmal sagen können, wovor sie eigentlich Angst hatte. Eine Todesangst – ohne konkreten Grund. Anstatt am nächsten Morgen den geplanten Stadtbummel zu verwirklichen, fuhr sie mit dem nächsten Zug in ihre Heimatstadt zurück und verzichtete auf die Filmrolle. Unfähig, die Situation zu meistern, riß sie alle Brücken hinter sich ab und floh den Weg zurück in die vertraute Umgebung. Durch das Verlassenheitsgefühl hatte sie die Orientierung verloren.

Was aber steckt dahinter?

Häufig ist eine falsche Erwartung die Ursache einer Verlassenheitsangst, der Wunsch, eine symbiotische Beziehung fortzusetzen. Auch Alleinsein will gelernt sein. Hier gilt es, eine Spannung durchzuhalten, ohne sogleich die Flucht zu ergreifen. Ein wenig Mut ist erforderlich, um neue Kontakte zu schließen. Oft genügt es schon, einen Menschen in der Nähe zu wissen, mit dem man ein paar Worte wechseln kann.

Wer unter einer extremen Verlassenheitsangst leidet, sollte daher vor einer größeren Reise Kontaktmöglichkeiten herausfinden und vorher mit einigen Personen am Zielort Verbindung aufnehmen. Das Bewußtsein erwartet zu werden ist oft sehr entscheidend. So kann eine Fahrt zu einem bereichernden Abenteuer werden.

Angst vor dem Älterwerden

Durch die zunehmende Industrialisierung lebt der Mensch weithin von der Natur entfremdet. Der natürliche Rhythmus, dem die Menschen damals ihr Leben unterordneten, ist längst mit einem künstlichen vertauscht.

Anstatt der engen Verbundenheit mit der Natur durch Säen, Wachsen, Reifen und Ernten lebt der Mensch vorwiegend in Betonburgen, in denen seine Seele wie eingemauert dahinsiecht. Der jahreszeitliche Wechsel wird ihm kaum noch bewußt. Auch ist das Alter nicht mehr Krönung der Reife, sondern wird so lange wie möglich hinausgeschoben und vertuscht – im wahrsten Sinne des Wortes.

Früher war der Tod noch mehr integriert als heute. Zwar war er zu allen Zeiten der Feind, aber irgendwie lebte man bewußt in seiner Nähe und stellte sich auf ihn ein, d. h. man bezog ihn in sein Denken ein. Wenn dann die Stunde des Abschieds kam, so war die Familie versammelt, um die letzten Weisungen des Sterbenden entgegenzunehmen, die sein letztes Vermächtnis waren. Heute werden Krankheiten in zumeist anonymen Krankenhäusern bekämpft und alte Menschen in sterile Heime abgeschoben. Ohne Kinderlachen. Ohne Aufgabe. Ohne Sinnerfüllung. Sterben findet in den seltensten Fällen noch in der Familie statt.

Es ist sicherlich gut, daß es Krankenhäuser gibt und Pflegeheime, aber die totale Absonderung trägt kaum zur Gesundung bei. Und welch eine Resignation und Langeweile findet man in den Altenheimen. Da hilft es auch nichts, wenn man dem Haus einen wohlklingenden Namen leiht. Der Mensch ist seiner Funktion beraubt und lebt in einer negativen Erwartungsangst.

Erstrebenswert allein ist Jugend und Gesundheit. Es ist allgemein eine Verlegenheit allem Kranken und Schwachen gegenüber zu beobachten. Man weiß nichts mit dem Elend anzufangen, denn man ist kaum noch gewohnt, mit dem Schwachen zu leben und Nachsicht zu üben. Man hat genug zu kämpfen, um nicht selbst auf der Strecke zu bleiben.

Die Überbetonung der Jugend auf der einen und die Verdrängung des Alterns auf der anderen Seite zieht unweigerlich Angst nach sich.

So sind es auch weniger die organischen Beschwerden, die einer Frau in den sogenannen »kritischen Jahren« zu schaffen machen, es ist die Angst, die sie tief in sich verborgen hält. Tag für Tag wird ihr bewußt gemacht, daß allein Jungsein begehrenswert ist. Der junge Mensch steht in seiner sprudelnden Dynamik im Mittelpunkt. Er wird gefragt. Ihm wird der Weg geebnet. Er hat Zukunft. Seine Ideen finden Anklang. Er ist stark genug, sich durchzusetzen. Da vergleicht sie sich mit den Jüngeren und stellt fest, daß sie weniger gefragt ist.

Nicht selten versucht sie dann mit allen Mitteln, ihre Jugend zurückzugewinnen, um wenigstens äußerlich den Anschein des Noch-jung-seins zu erwecken, aber innerlich ist sie unzufrieden, enttäuscht, verbittert oder gar verzweifelt, so daß sie mit vielerlei körperlichen Beschwerden von einem Arzt zum andern irrt. Das Älterwerden steht wie ein Gespenst vor ihren Augen. Die Kinder sind inzwischen groß und haben das Haus verlassen. Sie weiß nicht mehr, wozu sie noch da ist.

Den Anschluß im Beruf glaubt sie verpaßt zu haben. Jüngere sind längst an ihre Stelle gerückt und haben mehr Erfahrung und andere Ideen. Vielleicht erhält sie irgendwo noch einen untergeordneten Posten, aber die Arbeit füllt sie nicht aus. Und zu Hause ist es leer geworden. Der Tag ist lang, bis der Mann am Abend kommt – wenn er überhaupt noch kommt. Nicht selten haben sie sich auseinandergelebt. Sie haben sich nichts mehr zu sagen. Den Gedanken an die Zukunft will sie von sich schieben – aber es gelingt ihr nicht. Sie hat Angst.

Sie weiß, was es bedeutet, abgeschoben zu werden. Vielleicht erinnert sie sich daran, mit welch einem Widerstreben sie ihrer eigenen Mutter sonntags im Altenheim einen Pflichtbesuch abgestattet hatte. Diesem Schicksal möchte sie selbst um jeden Preis entgehen. Sie hat Angst, und diese Angst äußert sich in den unterschiedlichsten körperlichen Störungen.

Nun gibt es aber zweifellos auch Frauen, die diese Jahre der Wende ohne große innere Auseinandersetzung durchleben. Es sind dies im allgemeinen die ausgeglichenen, glücklichen Mütter, die in ihrem Frauendasein ihre Erfüllung gefunden haben und mit ihrem Sosein einverstanden sind.

Die Angst, zu kurz gekommen zu sein oder am Leben vorbeigelebt zu haben, finden wir aber nicht nur bei der älter werdenden Frau. Wie viele resignierte Männer sind mir begegnet, die keinen Mut mehr hatten, dem Leben nachzujagen, die beinahe teilnahmslos in ihrem Alltagstrott verharrten.

Andere wiederum bäumen sich immer wieder auf, um mit letzter Kraft dem Leben ein bißchen Erfolg abzujagen.

Wie oft sind wir ganz erstaunt, wenn ein älterer Mann, der vielleicht zwanzig, fünfundzwanzig Jahre hindurch verheiratet war und dessen Kinder inzwischen selbst eine Familie gegründet haben, sich plötzlich einer wesentlich jüngeren Frau zuwendet und alles Bisherige wie mit einer lästigen Handbewegung wegzuwischen versucht: die Angst, das Leben zu verlieren. Die Angst, zu kurz zu kommen. Diese Menschen leben in der Selbsttäuschung, als könnte eine jugendlich attraktive Partnerin das eigene Älterwerden aufhalten und damit das Leben aufwerten.

Aber auch der junge Mensch bleibt nicht von Angst verschont. Ich habe schon bei Sechzehn-siebzehnjährigen beobachtet, wie sie von Angst gequält werden, im Leben »sitzen zu bleiben«, keinen Freund aufweisen zu können und dann im Alter alleingelassen zu sein.

Ich denke an Erika. Die gleichaltrigen Klassenkameradinnen wußten von ihren Erlebnissen zu berichten, und sie selbst stand abseits. Sie fühlte sich isoliert. Aber nicht die Isolation war das Schlimmste, sondern die Angst, das Leben könne ihr etwas Begehrenswertes vorenthalten.

»Ich fühle mich ohne Freund nicht vollwertig. Manchmal denke ich, daß ich irgendeinen nehme, nur damit das dumme Gerede der andern aufhört und ich in ihren Augen jemand bin.«

Die meisten haben bereits in diesem Alter ihre ersten sexuellen Erfahrungen längst hinter sich, und wer nicht mithält, der wird als »alte Jungfer« bespöttelt.

Es ist dieser Drang, dem Leben das Äußerste abzugewinnen, es auszukosten, auszutrinken bis zum letzten Augenblick.

Welch ein Vorrecht ist es da zu wissen, daß unsere Zeit von Gott umschlossen ist. Und er hat es bestätigt: »Ja, ich will euch tragen bis ins Alter und bis ihr grau werdet. . .« (Jes. 46,4)

Es ist nicht entscheidend, ob wir alles empfangen haben, wonach uns verlangt oder ob wir auf dieses und jenes verzichten mußten; entscheidend ist, daß – von Gott her gesehen – unser Leben seinen Sinn erfüllt hat.

Angst vor der Sinnlosigkeit

Tiefer noch als jede bisher zitierte Form der Angst quält die Angst vor der Sinnlosigkeit. Diese Angst zerfrißt das Fundament eines Lebens. Es gibt nichts Hoffnungsloseres, nichts Deprimierenderes als einen Menschen, der in seinem Dasein keinen Sinn mehr sieht. Und wie viele gibt es, die sind auf der Flucht vor dieser Sinnlosigkeit. Sie tun alles, um zerquälenden Fragen nach dem Sinn ihres Lebens auszuweichen, um sie zu übertönen oder zu unterdrücken. Wozu lebe ich eigentlich? – diese müde Resignation, die aus solch einer Frage bricht.

So lange der Mensch lebt, hat auch die Frage nach dem Wozu ihn beschäftigt. Was ist es, das mein Leben lebenswert macht? Denken wir an Salomo, jenen weisen Prediger des Alten Testamentes. Reichtum, Erfolg, Triebe ausleben – all das hat er ausprobiert und kommt zu dem Schluß: Es ist alles umsonst, alles sinnlos. Es reicht nicht aus, das Leben zu füllen. Der Mensch braucht ein Ziel, um leben zu können. Er braucht eine Aufgabe, an die er sich verschwenden kann. Er braucht Hoffnung, um durchhalten zu können.

Wie oft begegne ich Menschen, die von einer tiefen Lustlosigkeit niedergedrückt sind, denen das Leben nichts mehr anzubieten vermag. Junge Menschen, die sich angewidert abwenden wie einer, der nach einer überreichlichen Mahlzeit keinen Appetit mehr hat.

Da ist Rita. Schweigend sitzt sie vor mir. Ihre ganze Haltung drückt aus, was in ihr lebt: Es hat doch alles keinen Sinn. Sie hat sich mit ihrer Sinnlosigkeit bis hierher geschleppt. Ist es nicht ein Zeichen, daß eine leise Hoffnung noch in ihr lebt, der Wunsch, daß jemand ihr doch widerspricht? Aber sie hat Angst, daß ihre Sinnlosigkeit das letzte Wort behält. Tröstende Worte hat sie mehr als genug gehört. Keine Predigt hat sie je überzeugt. Was sie sucht, ist Sicherheit, ist Leben, ein Leben, für das einzusetzen sich lohnt!

Welch eine Entspannung bedeutet es für einen Menschen, der sein Leben in der Hand Gottes geborgen weiß. Gott hat unser Leben von Ewigkeit her geplant. Wir sind nicht Produkt eines Zufalls, sondern von Gott gewollt und damit von unschätzbarem Wert. Ob wir jung sind oder alt, gesund oder krank, gut oder schlecht, ob wir Erfolgsmenschen sind oder Versager – unser Leben hat eine Bestimmung: Wir sind geschaffen zur Verherrlichung Gottes. An unserem Leben soll die Größe Gottes offenbar werden. Und erst dann, wenn wir unser Leben Gott überlassen, wird es mit echtem Sinn erfüllt.

Angst vor Wandlung

In den meisten Menschen lebt ein starkes Sicherheitsbedürfnis. Jede Neuerung bedeutet eine Gefahr für das Alt-Vertraute.

Als ich Japan verließ, um nach Deutschland zu fahren, überkam mich plötzlich das starke Verlangen, wieder umzukehren, alles rückgängig zu machen, als wollte ich mich mit aller Gewalt an der Küste festhalten, die mehr und mehr meinen Blicken entschwand. Die Angst vor dem Neuen, dem Unbekannten, das auf mich zukam! Japan bedeutete bis dahin für mich Sicherheit. Doch je mehr ich die gegenwärtige Situation bejahte, desto größer wurde die freudige Erwartung, Neuland zu betreten, andere Menschen kennenzulernen und ihre Lebensweise zu studieren.

Wir alle kennen mehr oder weniger das Bedürfnis, an dem Bisherigen festhalten zu wollen, so daß wir uns an das Vertraute klammern. Dieses ängstliche Festhalten kann sich bis zum Starrsinn steigern.

Starres Festhalten an der Tradition finden wir auch in der Geschichte der Christenheit. Welche Tragödien spielen sich noch bis heute in manchen christlichen Familien ab, weil der eine anders denkt als man selbst und den Glauben der Väter anders praktiziert.

Tradition verheißt zwar Beständigkeit –, aber sie kann zugleich auch Stillstand bedeuten. Leben will sich entwickeln und drängt nach vorn. Ein Saatkorn will nicht als Saat in der Erde bleiben – es ist auf Frucht hin geschaffen. Seine Bestimmung ist es, zu reifen und Frucht zu tragen. So ist es auch bei den Menschen.

Wir sind als Säuglinge in diese Welt hineingeboren, um dann als reife Menschen Leben weiterzugeben, nicht nur im biologischen Sinne.

Jede Entwicklungsstufe beinhaltet etwas Neues, Noch-nie-dagewesenes. So verläßt ein Säugling die Geborgenheit im Schoß der Mutter. Von da an können wir beobachten, wie mit wachsendem Bewußtwerden das Neue zumeist mit Angst erlebt wird. Der Schuleintritt ist ein weiterer Einschnitt im Leben des Kindes, bei dem die Angst mitschwingt, auch wenn dieser Schritt von den Eltern gut vorbereitet wurde und mit kindlichen Annehmlichkeiten verbunden war. Es ist eine weitere Trennung von dem Vertrauten. Neue Gesichter. Neue Forderungen. Eine neue, unbekannte Welt, die sich da auftut. Dann der Eintritt in den Beruf. Die neuen Erwartungen, die an den jungen Berufstätigen gestellt werden. Die neue Verantwortung.

Die Ehe. Die Mutterschaft. Das Aufwachsen der Kinder und die damit verbundenen neuen Aufgaben und Probleme. Das eigene Älterwerden. Die neue Situation durch das Selbständigwerden der Kinder. Der neue Status als Großvater oder Großmutter. Das Zurücktreten. Das Abschiednehmen. Das Sterben . . . Das alles sind Stationen in unserem Leben, die naturgemäß von Angst begleitet sind. Das ist kreatürlich. Mit dieser Angst müssen wir umzugehen lernen. Wir müssen das Neue bejahen, darauf zugehen und nicht uns ängstlich davor verschließen. Denn welch ein Reichtum würde uns vorenthalten bleiben, welch eine Möglichkeit der Entfaltung!

Aber ich kenne viele Menschen, die aus Angst vor der Wandlung stehengeblieben sind, und deren Leben ungenießbar geworden ist wie ein Gewässer, das weder Zufluß noch Ablauf hat. In der Angst vor dem Noch-nicht-Erlebten haben wir uns zu bewähren.

Ich kenne einen fast fünfzigjährigen Beamten, der Tag für Tag mit neuen Situationen konfrontiert wird. Tag für Tag gibt es eine Situation, mit der er noch nicht vertraut war! Da er aber nie den Ausgang im voraus berechnen kann, ist er zutiefst verunsichert. Er sehnt sich danach, etwas zu tun, was er von vornherein überschauen kann und das Tag für Tag in denselben Bahnen verläuft.

Jede Veränderung birgt die Chance in sich, uns selbst in die Weite zu führen. Aber für jenen Beamten bedeutete diese Lebensform größte Unsicherheit. Er war es von Kind an gewohnt, das zu tun, was ihm seine Eltern vorschrieben. So bekam er Sicherheit und genoß noch obendrein Zuneigung und Lob der Eltern. Eine eigene Entscheidung zu treffen, erschien ihm unmöglich. Nur einmal hatte er als junger Mensch versucht, diesen Rahmen zu durchbrechen, als er ein holländisches Mädchen, das ihm gefiel, heiraten wollte. Aber seine Eltern waren dagegen, daß er eine »Ausländerin« heiratete. Es kam zu einer harten Auseinandersetzung. So heiratete er ein deutsches Mädchen. Seit dieser unangenehmen Konfrontation hatte er Angst vor jeder Veränderung. Er sah in dem Neuen keine Chance zu einer Entwicklung, sondern eine Gefährdung seiner Geborgenheit. Angst vor der Grenzüberschreitung des Gewohnten.

Um lebendig zu bleiben, müssen wir einerseits beständig, andererseits wandlungsfähig sein. Wir müssen diese Spannung zwischen dem Etablierten* und dem Status des Unterwegsseins aushalten. Ständiger Wechsel führt zur Oberflächlichkeit. Klammern wir uns

* etabliert = gegründet, niedergelassen

jedoch an Dauer, so verkümmern wir. Wir müssen in unserem Leben die Vergänglichkeit akzeptieren, mehr noch: Wir müssen sie bejahen in der Erwartung, daß bleibende Vollkommenheit uns erst nach dieser Zeit erwartet.

Angst vor Stetigkeit

Helmut war Lehrer einer Grundschule. Jedes Jahr verbrachte er mit seiner Familie den Sommer irgendwo anders. Solange er unterwegs sein konnte und aktiv von einer Stadt zur nächsten glitt, war er zufrieden. Aber sobald er einige Tage an ein und demselben Platz bleiben sollte und das Neue anfing, vertraut und zum Alltag zu werden drohte, kroch die Unzufriedenheit in ihm auf.

Von Jahr zu Jahr beobachten wir stärker das Verlangen des Menschen, seiner Alltagssituation zu entfliehen, Urlaub zu machen, in die Ferne vorzustoßen. Die großen und kleinen Reiseunternehmen profitieren von dem kreatürlichen Bedürfnis des Menschen, seine Welt zu erobern. Für den einen sind die Grenzen wesentlich enger gesteckt als für einen andern.

Ist es nur das Fernweh, das an uns zehrt und uns zieht, die Sehnsucht nach dem Neuen, das uns den ermüdenden, nüchternen Alltag vergessen läßt? Von dem Unbekannten erhoffen wir uns das, was uns fehlt. Aber wie oft müssen wir es erleben, daß jemand voller Begeisterung monatelang plant und sich abmüht und kaum erwarten kann, bis sich sein Traum endlich verwirklicht – und in dem Augenblick, wenn er erreicht hatte, wonach er sich sehnte, war er unbefriedigt, enttäuscht und gelangweilt.

Es gibt Menschen, die können nirgends Wurzeln schlagen. Einige Zeit hier oder dort, dann ziehen sie weiter. Ähnlich ist die Situation am Arbeitsplatz: Mit großer Begeisterung nehmen sie eine Arbeit an, und einige Monate später sehen sie nur das Negative. So ziehen sie weiter.

Auch in der zwischenmenschlichen Beziehung wird der Freund gewechselt wie ein Kleidungsstück.

Ist es nur die innere Unzufriedenheit, die sie treibt, die innere Unausgeglichenheit? Oder ist es ein Lebenshunger, den sie zu stillen suchen und der doch auf diese Weise nie Sättigung erfahren kann?

Nicht selten ist es die Angst vor der Endgültigkeit, die Angst vor Dauer, die sie drängt. Stetigkeit ist ihnen ein Greuel. Jede Bindung wird für sie zur Fessel, die sie einfach nicht ertragen können. Sobald sie merken, daß etwas von ihnen gefordert wird, ziehen sie sich zurück.

Unser Alltag hat verschiedene Gesetzmäßigkeiten, von denen unser Tagesablauf bestimmt wird: Wir stehen zur gewohnten Zeit auf, frühstücken, fahren zur Arbeit oder zur Schule. Auch auf dem Arbeitsplatz gibt es zumeist einige Routinearbeiten, selbst unsere Freizeit läuft u. U. nach einem eingefahrenen Schema ab. Darüber hinaus haben wir unsere Rolle als Vater oder Mutter wahrzunehmen und können die Verantwortung, die auf uns gelegt ist, nicht einfach abschieben. Das alles gehört zu den Notwendigkeiten unseres Lebens. Es gibt aber Menschen, die erleben diese Notwendigkeiten als Unfreiheit und reagieren mit Angst. Sie können sich einfach nicht abfinden mit dem, was von ihnen erwartet wird. Sie sind ständig auf der Suche nach dem großen Abenteuer ihres Lebens, immer unterwegs, ohne je anzukommen.

Kürzlich kam ein junges Ehepaar zu mir. Sie waren noch nicht lange verheiratet. Sie hatten sich im Ausland kennengelernt, woraufhin die junge Frau bald auf eine Ehe drängte. Kein Hindernis erschien ihr unüberwindbar. Sie hatte nur ein Ziel, diesen Mann zu gewinnen. Und es gelang ihr. Sie heirateten. Aber kaum war in ihre Ehe der Alltag eingekehrt, da wollte sie nicht mehr. Das tägliche Einerlei wurde ihr zur Last. Sie verachtete die täglichen Arbeiten in Küche und Haus. Sie wollte einfach nicht verpflichtet sein, ihr Leben lang das Essen pünktlich auf den Tisch zu bringen. Diese Einschränkung ihrer Freiheit empfand sie als Strafe. Aus diesem Grunde wollte sie auch keine Kinder. Sie hatte Angst, den Höhepunkt ihres Lebens erreicht zu haben, gleichsam schon am Ziel angekommen zu sein. Sie hatte Angst, ihre Freiheit einzubüßen. Sie hatte Angst vor der Stetigkeit.

Es gibt Menschen, die wollen den andern an sich binden, ohne selbst gebunden zu sein. Sie suchen die Vorzüge einer Ehe – ohne Verpflichtungen. Sie suchen Abwechslung, Zerstreuung, als wäre das Leben ein einziges Spiel; wie Kinder sind sie darauf aus, überall zu naschen.

Aber es gibt auch die andern, die Angst haben vor der Freiheit. Diese Menschen können nur in der engen Bindung ihre Sicherheit finden.

Angst vor der Freiheit

Esther hatte bis zu ihrem 50. Lebensjahr ihre kranke Mutter gepflegt. Sie hatte sich zeitlebens gegen ihre zwingende, bestimmende Art aufgelehnt. Die Mutter war sehr dominierend und sah in Esther stets das Kind, das ihr zu gehorchen hatte. Sie bestimmte, was zu tun war, und Esther wagte nicht, dagegen zu sprechen. Ihr Tun war bis ins Kleinste hinein von der Mutter festgelegt. Als nun nach dem Vater auch die Mutter starb, stand Esther plötzlich völlig allein und hilflos da. Sie hatte nie gelernt, sich in der Freiheit zu bewähren. Sie hatte nie gelernt, sich für das eine oder andere zu entscheiden. Nun wurde selbstverständlich von ihr erwartet, daß sie für sich selbst entscheiden sollte, was zu tun war. Aber gerade davor hatte sie Angst. Sie stand einer Freiheit gegenüber, der sie nicht gewachsen war, mit der sie nichts anzufangen wußte, ja mehr noch, sie empfand diese Freiheit als Bedrohung. Das Versklavt-sein der früheren Jahre schien ihr erträglicher gewesen zu sein als das Ausgeliefertsein an eine Freiheit, der sie hilflos ausgeliefert war.

Nun gibt es in der Tat Menschen, die immer unmündig bleiben und eine feste Linie brauchen, um sich orientieren zu können. Sie brauchen eine fest umschriebene Aufgabe, einen Rahmen, über den sie nicht hinausgelangen können, der sie vor der Freiheit schützt. Wenn diesen Menschen plötzlich Freiheit gegeben würde, wären sie völlig hilflos und würden ihre Freiheit als Grausamkeit erfahren. Sie können nur funktionieren, wenn sie unter einem Chef arbeiten; aber sie können niemals selbst Chef sein. Freiheit bedeutet nicht zwangsläufig, frei von jeder Abhängigkeit zu sein. Ich kann durchaus in einer untergeordneten Stellung arbeiten und trotzdem frei sein. Und ich kann andererseits als Chef einer vielköpfigen Belegschaft vorstehen und ein Sklave sein. Ein Sklave meiner selbstgesteckten Ziele. Sklave meiner Eitelkeit. Sklave meines Ehrgeizes. Sklave der Meinung anderer. Sklave der Wirtschaftssituation. Sklave des Konkurrenzstrebens. Sklave meines Ehepartners. Sklave des Geldes. Sklave meiner Aggressionen usw. Absolute Freiheit ist eine Illusion. Wir können nicht als unabhängige Wesen existieren, die in völliger Freiheit nur sich selbst leben.

Wollten wir diese Freiheit erstreben, wären wir Sklaven unserer Triebe. Wahre Freiheit kann nur da ausgelebt werden, wo eine Beziehung besteht, andernfalls wird Freiheit zur Qual oder Tyrannei. Wir müssen lernen, mit der Freiheit umzugehen; sie als Chance wahrzunehmen. Je mehr wir mit der Freiheit vertraut werden und kleine Schritte in die ungewisse Weite wagen, desto mehr schwindet die Angst.

Angst vor der Niederlage

Ich kenne Menschen, die wagen keine Entscheidung aus Angst, eine Fehlentscheidung zu treffen. Sie schrecken vor jeder Prüfung zurück – aus Angst, nicht zu bestehen. Sie meiden das Risiko. So leben sie in ihren ausgetretenen Bahnen tagaus, tagein und sind doch tief unglücklich, weil sie erkennen, daß ihr Leben irgendwie stagniert. Da ist keine Bewegung, kein Fluß. Leben aber ist Bewegung. Zum Leben gehören auch Niederlagen. Es besteht aus Höhen und Tiefen, aus guten und schlechten Tagen. Der Bauer braucht den Regen genauso wie die Sonne, soll nicht die Ernte ein Mißerfolg werden. Und genauso brauchen auch wir die weniger glücklichen Ereignisse, die Enttäuschungen und menschlichen Fehlschläge.

Es gehört Mut dazu, sich einer Situation zu stellen, deren Ausgang uns nicht im voraus bekannt ist. Aber wenn wir reifen wollen, so müssen wir bereit sein, als Saatgut ausgestreut zu werden, d. h. wir müssen uns selbst aufgeben, um Erfolg zu erleben. Das ist ein Geheimnis.

Die Angst vor dem Versagen aber sitzt oft so tief in einem Menschen, daß er wie unter einem Bann steht.

Christoph war ein sympathischer junger Mann. Ich mochte ihn gern in seiner netten, noch etwas jungenhaften Art. Aber er war durch und durch unglücklich. Er war gehemmt und hatte keinerlei Selbstvertrauen. Er war als Einzelkind aufgewachsen, von seinem Vater häufig gedemütigt, von seiner Mutter maßlos verwöhnt. Jede Entscheidung wurde ihm abgenommen. Er brauchte gleichsam nur zu essen, was ihm mundgerecht zubereitet worden war. Jetzt verglich er sich mit Gleichaltrigen und stellte fest, daß andere mehr erreicht hatten als er. So zog er sich zurück und wagte nicht, Bekanntschaften zu schließen, aus Angst, es würde eine Leistung von ihm erwartet, der er nicht entsprechen könnte. So gab er sich seinen Tagträumen hin, in denen er den großen Star, den Helden spielte, der im Sturm alle Herzen eroberte, und je mehr er von der Realität enttäuscht war, desto mehr floh er in die Traumwelt. Er war zu stolz, eine Niederlage hinzunehmen.

Seine Ausbildung entsprach nicht seiner Intelligenz. Als ich ihn dazu ermutigte, sich weiterzubilden, winkte er ab: »Ich würde mich gerne weiterbilden, aber ich könnte es nicht ertragen, wenn andere besser abschneiden würden als ich. Und überhaupt, wenn ich ein

Examen nicht bestehen sollte, das – nein, das wäre einfach undenkbar.«

»Warum?«

»Warum?! Diese Niederlage würde ich mir nie verzeihen.«

»Aber wie Sie jetzt leben – ist das keine Niederlage? Sie verachten sich selbst.«

»Mag sein; aber ich bin nun einmal so.«

»Eine Fehlleistung ist kein Schicksal!«

»Für mich ja.«

»Ist es nicht eine größere Niederlage, aus Angst überhaupt nichts zu wagen? Ihr Stolz ist zwar gerettet, aber innerlich sind Sie nicht zufrieden mit dem, was Sie sind. Sie isolieren sich und meinen, wenn Sie mehr im Leben erreicht hätten, wären die Chancen einer Freundschaft größer; Sie warten, daß Ihnen der Erfolg im Traum zufällt.«

»Es hat doch alles keinen Zweck.«

»Ihre Resignation ist nicht realistisch. Sie haben alle Voraussetzungen, Freunde zu gewinnen.«

»Und wenn sie über mich lachen?«

»Warum sollten sie lachen?«

»Es gibt tausend Möglichkeiten. Ich habe einfach Angst, daß ich im unpassenden Moment irgendwie auffalle, daß ich rot werde oder plötzlich anfange zu stottern oder mich irgendwie linkisch benehme. Das wäre für mich unerträglich.«

Dann erzählte ich ihm jene Story von den russischen Seeleuten, die vor etwa hundert Jahren in Japan an Land gingen und von einem Erdbeben überrascht wurden. Der Stärkste und Größte unter ihnen zeigte die meiste Angst. Er war von solch einer Panik erfaßt, daß er den nächstliegenden wattegefütterten Kimono ergriff, um sich so geschützt durch die Papiertür ins Freie zu werfen. Als dann kurz darauf seine Freunde diesen kraftstrotzenden, bärenstarken Helden draußen auf der durchbrochenen Papiertür mit verstörtem Gesicht liegen sahen, brachen sie in brüllendes Gelächter aus. Der zerschundene, schmutzbeschmierte Held mit seinem Wattekimono rappelte sich auf und erkannte, welch absurde Figur er darstellte, und fing an zu lachen. Er lachte so herzhaft, daß sein Lachen das Gelächter der andern noch übertraf. In aller Ungezwungenheit erzählte er immer wieder lachend von seiner Heldentat. Er war nicht mehr Opfer, sondern hatte die Situation dadurch in der Hand, daß er über sich selbst lachen konnte.

Solch ein Humor wirkt befreiend. Es ist Entspannung, mit Menschen zusammen zu sein, die auch herzhaft über sich selbst lachen können, anstatt ihre tragische Rolle zu spielen, und sich selbst überzubewerten.

Adler * stellte nüchtern fest, daß krankhafte Angst vor Niederlagen auf Ichgebundenheit und Hochmut hinweist und von einem Bewußtsein persönlicher Überlegenheit zeugt.

Kaum einer von uns fühlt sich geschmeichelt, wenn er als egozentrisch oder hochmütig und stolz bezeichnet wird oder man ihm nachsagt, daß er sich überlegen fühlt (ohne es zu sein). Wenn wir ehrlich sind, müssen wir zugeben, daß Angst vor einem Versagen oder einer Niederlage darauf beruht, daß wir uns selbst zu wichtig sind, daß sich unser Denken um uns selber dreht. Warum wollen wir unfehlbar sein? Wir sollen Mensch unter Menschen sein. Das wirkt befreiend.

* Adler, Alfred, 1870 – 1937, Psychologe, Schüler Freuds

Furcht vor Menschen

Wir leben in einer Gemeinschaft und sind in irgendeiner Weise von anderen Menschen abhängig. Wir sind also aufeinander angewiesen. Der Unternehmer braucht den Arbeiter, damit sein Betrieb läuft, und der Arbeiter braucht den Unternehmer, damit er zu seinem Geld kommt. Der eine kann ohne den andern nicht sein. Praktisch sieht es oft so aus, daß derjenige, der über das Kapital verfügt, den anderen beherrscht. Er hängt den »Futtersack« so hoch wie möglich, um höchste Anstrengung zu erzielen. (Nun, heute ist es allerdings oft umgekehrt, daß der Arbeiter den Arbeitgeber unter Druck setzt und das Letzte aus ihm herauspreßt.) Fürchtet der eine, das Wohlwollen seines Chefs zu verlieren, so fürchtet der andere, bei Unnachgiebigkeit mit der Gewerkschaft in Schwierigkeiten zu geraten.

Menschenfurcht begleitet uns in den unterschiedlichsten Situationen. Habe ich eine Position inne, die mir eine gewisse Handlungsfreiheit erlaubt, so bin ich weniger davon betroffen als einer, der von seinem Vorgesetzten ständig kontrolliert wird.

Wir fürchten uns, das Gesicht zu verlieren.

Wir fürchten uns, zum Gerede der Nachbarn zu werden.

Wir fürchten uns vor der Kritik anderer Menschen.

Wir fürchten uns, bei anderen Menschen, um deren Gunst wir uns bemühen, in irgendeiner Weise in Mißkredit zu geraten.

Wir fürchten uns vor dem Spott unserer Klassenkameraden oder dem abschätzenden Blick unserer Kollegen, mit denen wir Tag um Tag zusammenarbeiten.

Wir fürchten das mitleidige Grinsen oder das vielsagende Schweigen.

Aus Angst sind wir bereit, Zugeständnisse zu machen.

Aus Angst sind wir bereit, uns selbst zu widersprechen.

Aus Angst tun wir etwas, was wir durchaus nicht tun wollten.

Wir ärgern uns über uns selbst; aber der Druck, dem wir ausgesetzt sind, wird plötzlich so stark, daß wir nicht widerstehen können.

Die extremste Form der Menschenfurcht haben wir im Dritten Reich erlebt, wo Menschen aus Angst töteten und aufs Brutalste ihre Mitgefangenen behandelten, wo Menschen zu Verrätern wurden, Freunde und Verwandte dem Tode auslieferten, um ihr eigenes Leben zu retten. Wo man die Wahrheit in Lüge verkehrte, um sich einen kleinen Vorteil zu verschaffen – und sei er noch so gering.

Aus Angst vor dem Menschen wurde der Mensch zur Bestie. Der eigene Wertmaßstab wurde ausgeschaltet und der Maßstab dessen übernommen, der sich Macht angeeignet hatte.

Hier könnten unzählige Beispiele aufgezählt werden von Menschen, die durchaus unauffällig gelebt haben – bis sie von dieser Angst vor dem Menschen überrollt wurden und zu jedem Verbrechen fähig waren.

Auch in der Drogenszene begegnen wir der Menschenfurcht. Wie viele bleiben an ihr dunkles Geschäft gebunden – aus Angst vor der Rache der Dealer*.

Oder denken wir an die satanische Verkettung der Mafia-Bewegung, wo der eine des andern Feind ist.

Aber auch unsere alltägliche zwischenmenschliche Begegnung birgt tausend Möglichkeiten, uns voreinander zu fürchten.

Paulus rät in seinem ersten Brief an die Korinther: »Werdet nicht Knechte der Menschen«, und er begründet es damit: »ihr seid teuer erkauft.« Eine andere Beziehung gilt. Wir sind Losgekaufte Jesu, d. h. wir sind in seinen Besitz übergegangen. Menschen haben keinen Herrschaftsanspruch mehr an uns.

Es mag sein, daß wir als Kinder in der Schule vor unserem Lehrer gezittert haben, vor allem dann, wenn wir die Hausarbeiten nicht oder nur unvollständig erledigt hatten. Wir hatten Angst, entdeckt und bestraft zu werden. Diese Angst kann sich durch alle Schuljahre hindurchziehen. Wir wissen uns abhängig von dem Lehrer und sind darauf angewiesen, daß er uns wohlwollend gesinnt ist. Wir können es uns nicht leisten, ihn herauszufordern, weil er u. U. unseren weiteren Weg verbauen könnte.

Wenn wir dann viele Jahre später diesen Lehrer wiedersehen, vor dem wir als Kind so gezittert haben, stehen wir ihm in einer ganz anderen Freiheit gegenüber. Es mag sein, daß eine gewisse Beklommenheit nachschwingt, aber wir sind nicht mehr abhängig von seinem Urteil, wir können unseren Standpunkt vertreten. Wir haben eine neue Position bezogen, denn wir stehen selbst im Beruf. Die kindliche Furcht vor dem Lehrer haben wir überwunden, aber jetzt schlagen wir uns mit noch schwerwiegenderen Ängsten herum, die oft den Grund unserer Existenz annagen. Ängste, die wir einfach nicht unter die Füße kriegen, mit denen wir uns Tag um Tag herumärgern und deren wir doch nicht Herr werden.

* Dealer = Rauschgifthändler

Jesus wußte wohl um die Versuchung, welche die Furcht vor Menschen in sich barg und selbst einen Petrus zu Fall brachte, als dieser – um sein eigenes Leben zu retten – so tat, als hätte er Jesus nie gekannt. Vielleicht war Jesus tatsächlich der einzige Mensch, der von dieser Furcht freigesprochen werden konnte. Warum? Er beurteilte die Situationen aus einer anderen Perspektive. Er war frei. Und er wollte auch uns helfen, das, was uns begegnet, von seiner Perspektive her zu beurteilen. So riet er uns: »Fürchtet euch nicht vor denen, die den Leib töten und die Seele nicht töten können.« (Matth. 10,28) Jesus zeigt uns die Grenzen des Menschen. Der Mensch ist nicht allmächtig. In seinem kleinen Rahmen kann er vieles tun – aber er kann nicht über uns verfügen. Es gibt einen Raum, den niemand antasten kann, den Gott sich vorbehalten hat.

Selbst wenn sie den Leib töten, und wenn wir scheinbar den Kürzeren ziehen, auch wenn wir verkannt und mißverstanden werden, oder nicht so zur Geltung kommen, wie wir es gerne hätten, auch wenn wir zu Unrecht angeklagt werden, Jesus sagt: »Freut euch darüber, frohlocket, hüpfet!« Das heißt doch, daß wir darüber eine geradezu närrische Freude äußern sollen. Einmal wird der Vorhang von unseren Augen beiseitegeschoben. Da werden wir zu Sehenden und »nichts mehr fragen«, da werden wir beschämt erkennen, wie Gott auch in den ganz geringen Dingen über uns gewacht hat und all das, was andere uns an Schaden zufügen wollten, in Segen umgemünzt hat.

Angst vor der Verantwortung

Es gehört zum Wesen unserer Zeit, daß der Mensch fordert – oft ohne Leistung zu erbringen. Er will Freiheit – ohne Verantwortung. Er will als erwachsener Mensch angesprochen werden, ohne die Pflichten eines Erwachsenen übernehmen zu wollen.

Klaus war Angestellter einer kleinen Firma. Aus Angst, von seinem Vorgesetzten korrigiert zu werden, tat er nichts, was auch nur das kleinste Risiko einschloß. Er wagte nicht, eine eigene Meinung zu vertreten. Äußerte er sich dennoch einmal zu einer Angelegenheit und es wurde ihm eine andere Meinung entgegengesetzt, so beteuerte er sogleich, er sei mißverstanden worden und drehte seine Worte, bis sie die Meinung des Kontrahenten* wiedergaben. Aber diese Art zu leben war äußerst unbefriedigend. Zudem auch anstrengend. Er fühlte sich ständig angegriffen und lebte in einer Dauer-Verteidigung.

Im Laufe der Jahre produzierte er die unterschiedlichsten körperlichen Symptome. Nachts konnte er nicht schlafen, wälzte sich schweißbedeckt im Bett herum aus Angst, ein Schlag könnte ihn treffen.

War er bis dahin jeden Tag pünktlich im Büro erschienen, so ließ er sich in letzter Zeit immer häufiger krank schreiben. Er wurde von einer Kur zur anderen geschickt, ohne daß eine Besserung erzielt wurde. In der Firma und auch zu Hause fühlte er sich als Versager. Inzwischen war er fest davon überzeugt, schwerkrank zu sein. Allein die Krankheit gab im eine Berechtigung, schwach zu sein und Verantwortung von sich zu schieben. Das aber wurde von Jahr zu Jahr schwerer, da er sich von seinen heranwachsenden Kindern gefordert fühlte. So vergrub er sich noch tiefer in sein Kranksein. Er hatte nie gelernt, erwachsen zu sein. Seine Mutter, die im selben Haushalt lebte, beobachtete ängstlich und besorgt das Befinden »ihres Jungen«, wie sie ihn noch immer nannte. Sie ermahnte ihn Tag für Tag zur Vorsicht und entschuldigte seine häusliche Passivität mit seinem schlechten Gesundheitszustand. So kam er eines Tages zu mir, jammerte und klagte und schilderte sehr dramatisch, wie dreckig es ihm ging und wie sehr er von aller Welt mißverstanden wurde. Schuld an seinem Elend aber waren die andern. Und sie sollten jetzt auch für ihn

* Kontrahent = Gegner

zahlen. Denn war es nicht sein Recht, eine frühzeitige Rente einzuholen? Sein Kranksein brachte ihm eine Zuwendung, die er sonst nicht erhielt. Anstatt andere zu tragen, genoß er es, getragen zu werden. Er hatte Angst, den Zuspruch zu verlieren und die Aufmerksamkeit, die andere auf ihn verwandten, wieder preiszugeben. Er hatte Angst, erwachsen zu werden und seine Rolle als Vater wahrzunehmen.

So oft ich versuchte, ihm sein Fehlverhalten vor Augen zu führen, und seine Krankheit als Flucht zu deuten, versteckte er sich hinter seiner Resignation: »Mich versteht doch niemand.« Er war einfach nicht bereit, sich infrage zu stellen, geschweige denn an sich zu arbeiten.

Angst vor dem Ausgeliefertsein

Es ist ein kreatürliches Bestreben, ein Selbst sein zu wollen, das in seiner Einmaligkeit nicht auswechselbar ist. Bei dem einen ist dieses Verlangen stärker ausgeprägt, bei dem anderen weniger. Dabei spielt die Erziehung eine Rolle, aber auch die Veranlagung.

Es gibt Menschen, die sind beinahe von Geburt an anpassungsfähige Gemeinschaftstypen, während andere ausgesprochene Individualisten sind und zu einem eigenbrödlerischen Verhalten neigen. Sie empfinden die Gemeinschaft als Bedrohung. Sie haben Angst vor dem Selbstverlust, so daß sie stets Außenseiter bleiben. Sie sind im allgemeinen sehr empfindsam, leicht verwundbar und voller Mißtrauen. Sie sind daher nicht in der Lage, Gemeinschaft zu pflegen. Jeder, der sich ihnen zu nähern versucht, wird mit Unbehagen und auf Distanz beobachtet. Sie sind Einzelgänger, die zu keiner echten Beziehung fähig sind und sich an kein Du ausliefern wollen – aus Angst, sich zu verlieren. Eine Selbst-Eröffnung erleben sie als Selbst-Verlust. Sie genießen ihre Einmaligkeit und sind doch zugleich tief unglücklich.

Nun können wir aber als Menschen ohne Beziehung zu einem Du nicht leben. Zwar hat es Menschen gegeben, die das Gegenteil zu beweisen suchten, die völlig zurückgezogen sich ihrer Meditation hingaben, aber die Bibel zeigt uns, daß hier ein Selbstbetrug zugrunde liegt; denn die Beziehung zu Gott setzt die Beziehung zum Menschen voraus. Andernfalls werden die Liebesbeteuerungen zur Farce.

Johannes schreibt: »Wer seinen sichtbaren Bruder nicht liebt, der kann auch keinen unsichtbaren Gott lieben« (1.Joh.4,20). Das eine ohne das andere ist nicht denkbar.

Andrea wirkte auf mich wie ein wildes Tier im Dschungel, ständig auf der Lauer und zum Angriff bereit. Sie saß da und starrte scheinbar völlig unbeteiligt vor sich hin ins Leere. In Wirklichkeit aber registrierte sie mit äußerster Gespanntheit alles, was um sie herum geschah. Voller Angst beobachtete sie jede Bewegung. Sie fürchtete, jemand könnte die Umzäunung überspringen und in ihr Revier einbrechen. Man spürte ihre Abwehrhaltung, darum vermied nach Möglichkeit jeder, sie anzusprechen. Wagte es trotzdem jemand, an sie eine Frage zu stellen, um sie irgendwie in ein Gespräch zu verwikkeln, so antwortete sie kurz mit »ja« oder »nein« und gab damit deutlich zu verstehen, daß sie keinen Kontakt wünschte.

Sie wirkte unpersönlich, kalt, ja feindselig. In ihrem äußersten Mißtrauen witterte sie hinter jeder Annäherung eine Bedrohung und reagierte mit Angst und zugleich Aggression. So konnte sie sich abrupt abwenden und ohne Kommentar den andern verblüfft zurücklassen oder mit schneidender Schärfe ihn herunterputzen. Mit ihrem wachen Intellekt analysierte sie zynisch die Verhaltensweisen ihrer Umgebung und verachtete alle Menschen. Sie war das Negative in Person. Voller Haßgefühle. Sie konnte verletzen – ohne Reue.

In ihrer Kindheit hatte sie weder Geborgenheit noch Liebe kennengelernt. Sie mußte schon früh erfahren, daß sie nicht »geplant« und darum auch nicht willkommen war. Ihre Eltern ließen sie es deutlich spüren, daß sie ein »Mißgeschick« war. Ihren Vater hatte sie nur in betrunkenem Zustand in Erinnerung, in dem er schließlich auch verunglückte. Als ihre Mutter eine neue Ehe einging, wurde ihr unmißverständlich mitgeteilt, daß sie überflüssig sei und es besser wäre, wenn sie das Haus verlassen würde. Da sie auch unter ihrem neuen Vater täglich Streitigkeiten ausgesetzt war, fiel ihr die Trennung nicht schwer, doch konnte sie sich nirgends integrieren. Sie wurde schweigsam und eigenbrödlerisch.

Die Therapie gestaltete sich äußerst mühsam, da sie einfach nicht bereit war, aus ihrer Isolation und ihrem Haß herauszukommen. Und doch war sie zutiefst verunsichert und sehnte sich nach einer zwischenmenschlichen Beziehung. Aber sie hatte Angst, das einzugestehen, denn sie fürchtete, dadurch einem andern ausgeliefert zu sein. Sie wollte ihr zerbrechliches Selbst schützen und tat es in der ihr eigenen, oft sehr verletzenden Art nach dem Motto: Lieber andere vernichten, als selbst vernichtet zu werden.

Angst und Schuld

Es besteht ein enger Zusammenhang zwischen Angst und Schuld. Was ist Schuld? Das Wort Schuld bedeutet ursprünglich eine Verpflichtung oder Leistung. Und wenn man dieser Verpflichtung oder Leistung, die von einem erwartet wird, nicht nachkommt, dann entsteht ein Schuldbewußtsein. Und dieses Schuldbewußtsein löst in uns Schuldgefühle aus, die wiederum Angst erzeugen. Angst vor Strafe oder Angst vor den Konsequenzen unseres Fehlverhaltens.

Heute ist es ziemlich unmodern, von Schuld zu sprechen. Ja, man fragt: Gibt es überhaupt so etwas wie Schuld? Wenn Schuld da ist, muß jemand sein, dem wir etwas schulden. Durch die moderne Psychologie haben wir gelernt, Schuld zu neutralisieren. Etwaiges Fehlverhalten wird völlig wertneutral hingestellt. Es gibt viele Diskussionen, und zahlreiche Bücher werden geschrieben, um zu beweisen, daß der Mensch schuldfrei ist, daß es so etwas wie Verantwortung nicht gibt.

Aber das ist ein Irrtum.

In meiner Praxis erlebe ich es täglich, daß der Mensch sehr wohl weiß, daß er schuldig geworden ist. Zwar versucht er häufig, seine Schuld abzuschieben oder zu verharmlosen. Aber damit wird er sie nicht los. Aus seinem Fehlverhalten aber erwächst Angst.

Ich habe viele Menschen kennengelernt, bei denen die Quelle ihrer Angst in der Schuld zu suchen war.

Das große Schweigen

Mich suchte eines Tages ein etwas älterer Mann auf. Er sagte: »Ich habe eine vernichtende Angst, die mich von Zeit zu Zeit völlig unberechenbar überfällt, und ich weiß nicht, weshalb. Unterschwellig lebe ich immer in einer Angst, die mich zur Flucht treibt. Aber ich habe meinen Beruf, ich habe Familie, ich kann nicht einfach davonlaufen! Ich kann mich nirgends aufhalten, wo mehr als zwei oder drei Leute sind. Aber ich kann auch nicht allein in meiner Wohnung sein oder im Geschäft. Ich halte es im Grunde nirgends aus.« Danach zählte er die verschiedenen Beschwerden auf, mit denen er von einem Arzt zum andern ging. Ich hatte den Eindruck, daß hier irgendein schuldhaftes Geschehen zugrunde lag. So sprach ich ihn daraufhin an. Er stutzte zunächst, dann nannte er dieses und jenes, darunter ein »harmloses Kavaliersdelikt«, wie er es bezeichnete, aber ich ahnte, daß hinter seinem oberflächlichen Schuldbekenntnis eine tiefe Schuld verborgen lag. So versuchte ich, ihn direkter anzusprechen, um ihm aus dem Gefängnis seiner Schuld herauszuhelfen. Ich sagte: »Fühlen Sie sich an irgendjemandem schuldig, beispielsweise an Ihrer Frau?« Er atmete tief und schwieg für einige Sekunden. Dann sagte er: »Ja, ich bin schuldig an meiner Frau. 14 Jahre lang. Ich habe meine Frau 14 Jahre lang betrogen, und sie durfte all die Zeit über nicht wissen, daß ich eine Freundin habe. 14 Jahre lang hatte ich Angst, mich zu verraten. Jetzt kann ich einfach nicht mehr.«

Die Angst hatte ihn eingeholt und überwältigt. Er saß vor mir – ein Bild des Jammers. Er war es gewohnt, überall den großen, starken Mann zu spielen, aber im Innersten verachtete er sich. Er war mit tausend Stricken gebunden, ein Gefangener seiner selbst.

Zunächst hatte er versucht, sein Schuldbewußtsein mit vielen Argumenten, die heute so modern sind, zu vertuschen. Aber es gelang ihm nicht.

Und so oft er bemüht war, dieses Schuldbewußtsein zu verdrängen, meldete es sich in Form der Angst.

Nun wollte er Medikamente gegen die Angst und seine körperlichen Mißempfindungen und schalt über die Ärzte, die seine Beschwerden nicht wegzaubern konnten. Aber es war ihm unmöglich, die Quelle seiner Angst zu verraten. Vielleicht auch war ihm der Zusammenhang nicht ganz bewußt, doch unterschwellig muß er es geahnt haben.

Viele Menschen leiden unter einer Ausweglosigkeit, besonders junge Menschen, die sich zu einer sogenannten Emanzipation hingezogen fühlen. »Gewissen« ist heutzutage verpönt. Aber auch wenn Schuldbewußtsein unmodern ist, und man meint, so etwas sei lediglich Ergebnis einer Fehlerziehung, so gibt es doch das Bewußtsein, gegen bestimmte Verpflichtungen verstoßen zu haben. Dieses Bewußtsein löst Angst aus.

Ich habe immer wieder festgestellt, daß zwischen Schuld und Angst ein enger Zusammenhang besteht.

Es war nicht leicht für jenen Mann, der 14 Jahre lang vor seiner Frau Versteck gespielt hatte, sich zu stellen. Aber wenn er von seiner Angst loskommen wollte, mußte er seine Schuld vor seiner Frau bekennen. Es wäre keine Lösung für ihn gewesen, wenn er auf andere verwiesen hätte, die auch nicht besser sind als er. Das Schuldproblem kann nur durch Bekenntnis und Vergebung gelöst werden. Das ist ein Prinzip, das in jedem Volk, jedem Volksstamm Gültigkeit hat. Es ist uns Menschen als göttliches Gesetz mitgegeben.

Bei diesem Mann hörten danach die Angstanfälle auf. Zwar waren noch andere Probleme zu bewältigen, aber der Giftstachel, der sein Leben innerlich zerfraß, war entfernt. Und das Wunderbare war: seine Frau hat ihm vergeben und ihn aufs neue angenommen. Ohne Vorwurf.

Wer von Angst geplagt ist, der prüfe sich, ob da ein Zusammenhang besteht zwischen Angst und Schuld.

Schuld muß nicht immer auf dem Sektor der Sexualität liegen. Es gibt so viele Möglichkeiten, wo wir gegen das Gesetz der Liebe verstoßen, die Freiheit eines anderen antasten und seinen Ruf ruinieren, oder wo wir uns etwas aneignen, was uns nicht zusteht.

Der fragwürdige Aufstieg

Wir wissen, daß unsere Gesetze von Menschen entworfen werden, damit der Staat funktioniert. Jedes Land hat darum seine eigenen Gesetze. Es gibt kein absolutes Gesetz. Wir Menschen sind so erfinderisch, wir werden immer eine Möglichkeit entdecken, das Gesetz zu umgehen und uns das zu verschaffen, was wir wollen.

Herr X war leitender Angestellter eines großen Konzerns. Er litt seit Jahren unter Angst. Diese Angst wurde zeitweise so erdrückend, daß er sie kaum noch zu bewältigen vermochte. Verständlicherweise wollte er sich seine Angst nicht anmerken lassen und versuchte, sie durch ein Übermaß an Arbeit zu kompensieren. Inzwischen hatte er das Pensionsalter erreicht. Trotz seines Alters war er als dynamisch und leistungsfähig geschätzt. Nach außen hin wirkte er sehr selbstsicher, innerlich aber war er von Angst zerquält.

Ich fragte ihn: »Gibt es irgendeinen Grund für diese Angst?« »Ich wüßte nicht welchen. Ich habe diese Angst schon jahrelang.« Dann frage ich weiter: »Gibt es eine Schuld in ihrem Leben, die sie nicht aussprechen wollen?«

Im Laufe des Gespräches kam es heraus, daß er vor mehr als 30 Jahren aufgrund einer Urkundenfälschung diesen hohen Posten erhalten hatte. 30 Jahre lang trug er sein Geheimnis mit sich herum. Von Zeit zu Zeit überfiel ihn die Angst, diese Sache könnte ans Licht kommen. Der Gedanke daran löste geradezu eine Panik in ihm aus. Die Angst drohte ihn zu vernichten und war gekoppelt mit einer großen Selbstanklage. Das Schuldgefühl trieb ihn noch stärker in die Arbeit, so daß er Tag für Tag Überstunden machte und sich selbst das Äußerste abverlangte. Bei seinen Untergebenen war er wegen der Härte, mit der er gegen sich selbst vorging, geschätzt, aber auch zugleich gefürchtet, da er denselben Maßstab auch an seine Untergebenen anlegte. Er war als schwierige Person bekannt, die an jeden hohe Forderungen stellte. Niemand hatte einen engen Kontakt mit ihm. Doch seine Leistung fand große Beachtung. Als jetzt – nach mehr als 30 Jahren – das Bekenntnis herauskam, und er diese Angelegenheit auch seinem alten, längst pensionierten Chef unterbreitet hatte, hörten die Angstanfälle auf.

Ich habe ihn getötet . . .

Vor mir saß eine alt gewordene Mutter. Ihre ganze Erscheinung drückte Angst aus. Sie fühlte sich von allen Seiten eingeengt und bedroht. Sie wußte nicht mehr vor noch zurück. Ein Nachbar hat sie schließlich in die Sprechstunde gebracht. Allmählich faßte sie Vertrauen:

»Ich wollte alles richtig machen. Aber heute weiß ich, daß ich alles falsch gemacht habe. Ich habe meinen Sohn zu sehr geliebt. Ich hatte nur ihn. Ich habe meine ganze Hoffnung auf ihn gesetzt. Dann hat er geheiratet. Ich war gar nicht mit dieser Ehe einverstanden. Ich wußte, daß es schief gehen würde. Ich habe ihn immer gewarnt und ihn gebeten, zu mir zurückzukommen. Vielleicht wäre es besser gewesen, ich hätte gar nichts gesagt. Aber jetzt ist es zu spät . . .«

Tränenüberströmt holte sie einen zerknitterten Zettel aus ihrer Tasche und reichte ihn mir.

»Er hat Tabletten genommen. Das hier sind seine letzten Worte. Seine Frau hatte einen anderen. Das hat er nicht verkraftet. Aber warum ist er nicht zu mir zurückgekommen! Ich hätte doch alles für ihn getan.« Sie schwieg. Nach einer Weile fuhr sie fort: »Am Abend vor seinem Tod hatten wir eine Auseinandersetzung. Er war wie zerschlagen. Dieses Bild werde ich nicht mehr los. Ich wünschte, ich hätte nichts gesagt. Aber ich war so verletzt, ich fühlte mich von ihm abgestoßen. Im Grunde aber habe ich nur an mich selbst gedacht. . . Ich kann einfach nicht mehr. Ich habe solch eine Angst. Ich kann Tag und Nacht nichts anderes mehr denken . . .«

Es tat mir weh, diese alte, verstörte Mutter vor mir zu sehen, die am Ende ihrer Tage diese bittere Bilanz ziehen mußte. Es ist schwer, in diese Situation hinein ein Wort zu sagen, das nicht noch mehr verletzt und noch tiefer in die Verzweiflung hineinstößt. In dieser alten Mutter war finsterste Hoffnungslosigkeit. Irgendwie ahnte sie, daß sie an dem selbstgewählten Tod ihres Sohnes mitschuldig war. Sie klagte sich an. Aber damit konnte sie ihren Sohn nicht ins Leben zurückbringen. Ich ganzes Denken galt ihrem einzigen Sohn. Seitdem ihr Mann nicht mehr lebte, hatte sich all ihre Fürsorge auf diesen Sohn konzentriert. Sie hatte ihr Haus aufgegeben, um zu ihm zu ziehen, fühlte sich jedoch von ihrer Schwiegertochter abgelehnt. Diese Ablehnung empörte die alte Mutter, und sie beklagte sich bei ihrem Sohn und fand immer neue Ärgernisse zu berichten. Versuchte der

Sohn, für seine Frau Partei zu ergreifen, hielt sie ihm vor Augen, welche Opfer sie als Mutter für ihn gebracht habe und meinte anklagend:

»Ich habe alles für dich getan. Ich habe sogar mein Haus für dich verkauft. Jetzt bin ich alt geworden. Ihr habt euer Leben. Aber was aus mir wird, kümmert euch nicht. Ich bin doch nur fünftes Rad am Wagen.« Die Dreiecksbeziehung ging in die Brüche.

Als dann die Schwiegertocher aus dem Haus ging, faßte die Mutter neue Hoffnung, um ihren Sohn wieder ganz zu besitzen wie früher. Aber diese Hoffnung zerbrach an der grausigen Wirklichkeit. Seitdem wurde die Mutter von einer tiefen Angst zerquält.

So könnte ein Beispiel an das andere gereiht werden; Lebensschicksale, die durch menschliches Fehlverhalten verursacht wurden. Da hören wir Klagen wie: »Durch mein Verhalten ist meine Ehe auseinandergegangen. Ich hatte immer etwas auszusetzen. . .« oder »Ich bin schuld, daß mein Sohn ein Trinker geworden ist . . .« oder »Auf Drängen meines Mannes habe ich mein Kind abtreiben lassen. Seitdem habe ich eine wahnsinnige Angst und weiß nicht mehr, was ich tun soll. . .«

Doch nicht jedesmal hören wir solch ein freimütiges Schuldbekenntnis. Viele verstehen es meisterhaft, alle Schuld von sich abzuwälzen und den andern verantwortlich zu machen. Schon im Anfang der Menschheitsgeschichte lesen wir, wie Adam und Eva sich nach ihrem Ungehorsam angstvoll versteckten (1. Mose 3,8.10) und Gott für ihr Unglück verantwortlich machten: »Die Frau, die du mir gegeben hast . . .«

Hier war zwar kein Bekenntnis, wohl aber das Bewußtsein der Schuld, denn beide wurden von ihrem schlechten Gewissen überführt, so daß sie sich in ihrer Angst versteckten.

Solange wir versuchen, Schuld von uns abzuschieben, bleiben wir in unserem Elend stecken und in unserer Angst.

Manchmal können Jahre darüber vergehen, in denen die Angst sich anstaut, bis das Maß schließlich übervoll ist und das Leben durch die Angst blockiert wird.

Daß Schuld sich negativ auf unser Gesamtbefinden auswirkt, kommt sehr plastisch in den Psalmen zum Ausdruck.

Nach einem vollendeten Mord und Ehebruch glaubte David, sein Glück ungestört genießen zu können. Er hatte sich genommen, wonach ihn verlangte, mußte aber feststellen, daß dieses erzwungene Glück ein tödliches Gift in sein Leben hineinbrachte. Er wollte tun, als sei alles in Ordnung, aber mit diesem Selbstbetrug kam er nicht weit, so daß er klagte:

»Ich wollte es verschweigen – aber ich konnte nicht.
Wie ein Krebs fraß es in mir,
so daß ich stöhnte Tag und Nacht.
Es war deine Hand, o Gott, die auf mir lag.

Mein Leben war wie abgeschnitten,
wie ausgedörrt durch die Gluten der Sonne.
Da bekannte ich dir meine Sünde,
und meine Schuld verbarg ich nicht.
Ich sprach: Dir will ich meine Übertretung bekennen.
Da vergabst du meine Schuld.« (nach Psalm 32)

Häufig begegne ich Menschen, die zwar von ihrer Schuld reden; aber in dem Augenblick, wo ich ihre Schuld ernstnehme, sind sie entsetzt und versuchen alles, um zu beweisen, daß sie im Grunde doch gar nicht so schlecht seien.

Paulus hat einmal sinngemäß gesagt: »Wir sind alle miteinander schuldig geworden. Keiner von uns entspricht den Erwartungen oder dem Maßstab Gottes« (Röm. 3,23). Das ist eine Realität, die wir zu akzeptieren haben.

Und wenn jene alte Mutter vor mir sitzt und durch ihr Verhalten ausdrückt: »Das, was ich jetzt erlebe, ist die Frucht der Saat, die ich gesät habe«, so ist das ein bitteres Eingeständnis. Aber jedes ernst gemeinte Schuldbekenntnis hat göttliche Verheißung. In dieser unserer Niederlage will uns Gott begegnen. Hier liegt unsere Hoffnung. Die Hoffnung eines Neubeginns durch die Vergebung.

Da, wo vor unseren Augen alles zerbrochen liegt –
will er heilen.
Da, wo wir am Ende sind –
will er einen neuen Anfang geben.
Da, wo wir unsere Hoffnung in den Tod gegeben haben –
will er neue Hoffnung wecken.
Da, wo wir uns selbst aufgegeben haben –
will er uns mit sich selbst beschenken.
Wo wir nichts vor uns sehen als den Tod –
will er Leben geben.

Nicht deshalb, weil wir besser sind, als wir dachten, sondern weil Gott barmherzig ist. Er hat selbst einen Weg aus dem Labyrinth unserer Schuld gebahnt. Wir können aufatmen. Wir sind nicht länger Sklaven – wir sind frei, denn Jesus hat für unsere Schuld mit seinem Leben bezahlt. Die Proklamation der Schuldbefreiung bedeutet zugleich ein neues Verhältnis zu Gott. Wir sind an Kindesstatt angenommen, mit den Rechten eines Kindes.

So ist das Eingeständnis unserer Schuld das Tor zu einem neuen Leben mit neuen, ungeahnten Möglichkeiten.

Religiöse Angst

Bei allen primitiven Religionen wird der Mensch von der Angst vor dem Übermenschlichen oder auch Unerklärbaren beherrscht. Er fühlt sich von unheimlichen Mächten und Gestalten bedroht und glaubt sich abhängig von der Gunst dieser höheren Wesen. Es ist das verborgene Wissen im Menschen, daß nicht er die letzte Autorität ist, sondern daß jemand oder irgend etwas existiert, dem er unterlegen ist und dem er nicht ohne weiteres ausweichen kann. Ein unsichtbarer Gegner, den er zu gewinnen versucht, um überleben zu können. So werden in einigen Religionen Sonne und Mond zu Göttergestalten und Blitz und Sturm zu Instrumenten in der Hand eines überirdischen Wesens, um dessen Gunst man durch Riten, Magie und Zauber sich bemüht.

Im Alten Testament gibt dieser Unbekannte, dessen Wesen und Macht nicht begrenzt werden kann, der mit menschlichem Maßstab nicht zu messen ist und der doch existiert, seinen Namen preis, der Offenbarung und Geheimnis zugleich ist: »Ich bin, der ich bin.« Ursprung allen Lebens, dem nichts verborgen ist, der den Kosmos überwacht und in dessen Licht kein irdisches Wesen existieren kann. Unendlicher Abstand und geheimnisvolle Nähe. Tödliches Erschrekken und kindliches Vertrauen. Aber immer wieder die unberechenbare Größe, der der Mensch sich unterwerfen und nach durchlittener Rebellion bekennen muß: »Darum bekenne ich, daß ich unweise geredet habe, was mir zu hoch ist und ich nicht verstehe. . .« (Hiob).

Nach dieser Selbstpreisgabe des Menschen erlebt er die erbarmende Zuwendung Gottes. So lebt Furcht vor Gott neben absolutem Vertrauen, gegen alle menschliche Vernunft.

Die Furcht beruht auf dem Nicht-genügen-können des Menschen. Das Vertrauen auf der Zusage Gottes. In diesem Spannungsfeld lebt der Fromme des Alten Testamentes, wobei – bis auf wenige Ausnahmen – die Furcht überwiegt. Um diese Furcht nun erträglich zu gestalten, ersann der Mensch zahllose Tricks, mit denen er glaubte, Gott überlisten zu können, ohne sich des Wahnwitzes ganz bewußt zu sein. Wie Kinder, die versuchen, sich hinter vorgehaltener Hand zu verstecken.

Dann kam Jesus. Schon seine Geburt wurde mit den Worten angekündigt: »Fürchtet euch nicht!« (Denn der Einbruch der anderen Wirklichkeit in diese Welt löst bei dem Menschen unweigerlich

Furcht aus.) Durch sein ganzes irdisches Leben unterstrich Jesus diese Aufforderung, denn er zeigte sich jeder Situation gewachsen. Kein noch so endgültiges menschliches Schicksal ließ ihn ratlos verstummen. Er war der Herr – auch über den Tod. Und noch als der Auferstandene rief er seinen Freunden zu: »Fürchtet euch nicht!«, d. h. ihr braucht keine Angst zu haben, was immer euch begegnet, ich bin dabei – und das bedeutet Sieg.

Aber wie schon zu Beginn der Menschheitsgeschichte Satan das Wort Gottes infrage gestellt hat, so ist es ihm auch danach gelungen, die durch Jesus erworbene Freude zu trüben, die Freiheit einzuschränken, den Sieg anzuzweifeln oder abhängig zu machen von striktem Gesetzesgehorsam.

Wer die Kirchengeschichte zurückblättert, der wird mit Erschrekken feststellen, wie oft Jesus mißverstanden wurde, wie das Liebesgebot umgedeutet und verzerrt wurde, daß im Namen Jesu blutigste Kriege geführt und größtes Unrecht geschehen konnte.

Castellio, ein Zeitgenosse Calvins*, klagte: »Wer wollte Christ werden, wenn er sieht, daß diejenigen, die den Namen Christi bekennen, von Christen durch Feuer gemartert werden, durch Wasser, durch das Schwert, ohne jegliches Mitleid grausamer behandelt als Räuber und Mörder?

O Christus, Schöpfer und König der Welt, siehst du diese Dinge? Bist du gänzlich anders geworden, als du warst, so grausam und dir selbst entgegengesetzt? Als du auf der Erden warst, gab es nichts Süßeres, Milderes, nichts, was Unrecht mehr ertrug: Wie ein Schaf vor seinem Scherer verstummtest du, ganz zerrissen von Stockschlägen, verspien, verhöhnt, mit Dornen gekrönt, gekreuzigt zwischen Räubern, in großer Schmach hast du gebetet für die, die dir dieses Unrecht zufügten. Bis du jetzt so verändert?

O Christus befiehlst und billigst du solche Dinge?«

Auf Grund seines freimütigen Bekenntnisses wurde Castellio als »Gotteslästerer, Verächter aller Religionen, unfrommes und obszönes Geschöpf« beschimpft.

Es ist schwer, sich vorzustellen, daß ein Mensch des orthodoxen Zeitalters sich rühmen konnte, dreiundfünfzigmal die Bibel gelesen zu haben, und zugleich 20 000 Todesurteile fällte, von denen bei Tausenden als Grund Hexerei angegeben wurde.

* Castellio, Traitédes Hérétiques, Ausgabe von Olivet, 1913, S. 30 f, Boisson I S. 368, Pfister S. 409

In den Jahren 1575–1700 wurden ca. 1 Million Hexenmorde vollstreckt, die vielfach eine krankhaft übersteigerte Angstabwehr darstellten. Wer in der Einäscherung der Hexen nicht einen Gottesdienst sah, dem wurden die ewigen Höllenstrafen angedroht, so daß die meisten schließlich aus Angst zustimmten. In diesem Zusammenhang aber wollen wir nicht Verirrungen innerhalb der Kirchengeschichte aufdecken. Die hat es zweifellos mehr als genug gegeben! Doch soll hier aufgezeigt werden, wie falsch interpretierter Glaube Angst auslöst.

Frömmigkeit war nichts anderes als eine Form der Angstbekämpfung. Das wird auch am Leben Luthers deutlich. Die Angst war von Kindheit an seine ständige Begleiterin, so daß er selbst bekannte:

»Ich wurde von Kindheit an so gewöhnt, daß ich erschrecken und erblassen mußte, wenn ich den Namen Christus hörte; denn ich war nicht anders unterrichtet, als daß ich ihn für einen gestrengen und zornigen Richter hielt« (nach Pfister S. 299). Die größte Angstquelle aber war die Prädestinationslehre*, so daß der Schweizer Rektor und spätere Prediger Sebastian Castellio diese Lehre eine »Monstrosität« nannte:

»Dieser Gott gliche einem Kinde, das einen an einen Faden gebundenen Vogel hielte, ihm das offene Fenster zeigte und sagte: ›fliege fort‹ – er böte uns das Heil an, aber unter einer Bedingung, deren Erfüllung nicht von uns abhinge, ja, die zu erfüllen er uns nicht erlaubte.«**

Trotz aller wertvollen Impulse durch den Pietismus kam es während dieser Epoche gelegentlich erneut zu einem Aufblühen der Angst. Weltliche Freuden waren verpönt und die Sexualität wurde als widergöttlich verurteilt. Das aber führte zwangsläufig zu neuer Gesetzlichkeit. Das Himmelreich war erreichbar für den, der Leistung aufwies, genau das, was zur Zeit der Reformation dem Katholizismus vorgeworfen worden war. Auch wenn es theologisch anders gedeutet wurde, so kam doch die Heiligung dem Streben nach Selbsterlösung gleich. Der Kampf gegen die Sünde, die »Abtötung des Fleisches« aber führte in die nicht weniger große Knechtschaft der Angst.

Literarisch fand die Angst ihren wohl tiefsten Ausdruck in den Werken des dänischen Denkers Kierkegaard, der feststellte, daß die Angst »mehr Torturen zur Verfügung habe, als ein Großinquisitor«.

* Prädestination = Vorherbestimmung
** F. Buisson, Seb. Castellion II, S. 177 – 183

Sein Vater litt an religiösem Zwangsgrübeln und Depressionen, so daß schon die frühe Kindheit Kierkegaards von einem negativen Bild des Christentum überschattet war, das ihm zeitweise wie die »unmenschlichste Grausamkeit« vorkam.*

Er klagte: ». . . daß oftmals ein Mensch, eben vermöge der strengen Erziehung im Christentum, die er erfahren hat, in bestimmtem Sinne in Sünde gestürzt worden ist, weil die ganze christliche Anschauung ihm zu ernsthaft gewesen ist, besonders in einem frühen Abschnitt seines Lebens. . .« und fährt fort: »Alles Sinnliche, Weltliche, Frohe, Unbedeutend-Alltägliche, Farbige, alles, was ein Kinderherz erfreut und ihm eine Welt bedeutet, wurde als Verbotenes und zu Überwindendes hingestellt.« Das Bild Gottes wurde zu einer dämonischen Fratze entstellt und der liebende Gott zu einem hinterhältigen, unberechenbaren, grausamen Tyrann. Welch eine Entstellung jener Züge, die Jesus uns von seinem Vater gezeigt hat!

So basiert der Glaube vieler Christen auf Angst. Sie sind nicht darum Christ geworden, weil sie von der Person Jesu fasziniert waren, sondern weil sie Angst hatten, ihr Leben zu verlieren.

Wie viele Christen kenne ich, deren Kindheit durch falsche Religiosität zur Qual geworden ist. Kinder, die von ihren Eltern oder Verwandten zur Bekehrung gedrängt wurden, damit sie nicht vom ewigen Tod übereilt oder bei der Entrückung zurückgelassen würden. Ihre Kindheit war geprägt von Angst. Kinder, denen es verwehrt war, unbeschwert heranzuwachsen, weil ihnen alles zur Sünde wurde. Kinder, für die Gott zum unheimlichen Superwesen wurde, das bei geringstem Ungehorsam zuschlägt. Für manche Eltern ist es sehr bequem, Gott als Erziehungsmittel einzusetzen, das dem bösen Schwarzen Mann gleichkommt. Der momentane Erfolg ist nicht zu leugnen – aber der Preis ist zu hoch.

Gott ist kein Sklavenaufseher, der mit erhobener Peitsche hinter uns steht; er ist unser Vater, der uns liebt.

Wie tief sind manche so aktive Christen in heidnischem Denken verwurzelt. Sie haben Angst, sich zu freuen, als könnte dadurch Gott auf sie aufmerksam werden und vom Himmel dreinschlagen und ihre Freude in Leid verwandeln. Denn »nur durch Leid führt der Weg zur Herrlichkeit«, so wurden sie ja gelehrt.

Sie haben Angst, ihre eigenen Wünsche zu verwirklichen, denn sie haben schon als Kinder gehört: »Geht's der Natur entgegen, so ist's

* Künzli: Die Angst als abendländische Krankheit, Zürich 48

gerad und recht.« So entschieden sie sich freiwillig für das Negative, um am Ende die Krönung nicht zu versäumen. Ist das nicht eine satanische Verzerrung eines Lebens, das Jesus uns ermöglichen wollte?

Es gibt Christen, die ein schlechtes Gewissen haben, wenn es ihnen gut geht. Sie bestrafen sich selbst, um diesem gestrengen Richter-Gott vorzugreifen.

Das ist die eine Gruppe der Christen, die vom Kreuz- und Leidgedanken geprägt sind.

Dann aber gibt es noch eine andere Gruppe, die sich verpflichtet glaubt, allzeit ein müdes Lächeln auf ihren Lippen zu zeigen, die bemüht ist, nach außen dem Bild eines Christen zu entsprechen, die ständig Bibelworte im Munde führen und singen: »Immer fröhlich, immer fröhlich, alle Tage Sonnenschein. . .« Aber in ihrem Leben wird keine Frucht einer reifen Liebe sichtbar. Die Ausstrahlung der Person Jesu fehlt. Darum wirken ihre Reden so abstoßend auf Außenstehende, daß diese es vorziehen, ehrlich unter ihresgleichen zu bleiben, als dem heuchlerischen Reden jener Frommen zu folgen, deren Worte keine Veränderung ihrer Persönlichkeit bewirken konnte.

Kinder haben ein feines Gespür. Sie können sehr wohl zwischen echt und unecht unterscheiden.

So manche Eltern klagen bei mir, daß ihre Kinder nichts vom Christentum wissen wollen. Mich wundert es, daß so viele Kinder noch immer im Banne der christlichen Gemeinden ausgehalten haben. Aber auch dahinter steckt oft genug die Angst. Sie haben Angst, sich zu lösen, weil sie nicht sicher sind, ob das für ihr Leben nicht zum Nachteil werden könnte. Wie oft habe ich aus dem Munde junger Menschen gehört: »Ich kann einfach nicht beten, wenn meine Eltern dabei sind. Ich kann nicht in der Bibel lesen, wenn jemand aus meiner Familie anwesend ist. Ich fühle mich so begutachtet, daß ich gehemmt bin. Am liebsten möchte ich so tun, als ginge mich das alles überhaupt nichts an, aber das wage ich auch nicht.« Und kürzlich gestand mir ein junges Mädchen: »Es ist schrecklich, aber obwohl meine Mutter inzwischen gestorben ist, habe ich immer das Gefühl, von ihr beobachtet zu sein. Ich bin dadurch wie blockiert. Ich scheue mich, zum Gebet niederzuknien oder die Bibel aufzuschlagen, weil ich denke, meine Mutter steht neben mir und sieht mir zu und kommentiert, was ich tue.«

Wenn Kinder ständig von ihren Eltern ermahnt und mit Bibelzitaten eingedeckt werden, zugleich aber sehen, wie die Eltern sich streiten und herrschsüchtig auf ihrem Recht beharren, wie sie leicht verletzbar reagieren oder es mit der Wahrheit nicht so genau nehmen – so verschließen sie sich innerlich. Dabei kann die innere Verzahnung mit den Eltern so unglücklich sein, daß sie nach außen hin weiterspielen, als wäre alles in Ordnung – denn so haben sie es ja bei ihren Eltern gesehen – nach innen aber voller Auflehnung und Aggression sind. Sie stehen wie unter einem angstgeprägten Zwang. Sie haben nicht den Mut, sich gegen den Glauben ihrer Eltern zu entscheiden, so bleiben sie aus Angst; aber weil dieser Glaube ohne Kraft war, hat er auch in ihrem Leben keinerlei Veränderung bewirkt.

Elke war eine selbstunsichere, zurückgezogene junge Frau. Ihr Vater war Prediger. Für sie war es selbstverständlich, regelmäßig den Gottesdienst zu besuchen, auch wenn sie es oft langweilig empfand. Aber sie hätte nie gewagt, sich gegen die Entscheidung ihrer Eltern aufzulehnen. Sie wurde immer wieder vor die Entscheidung gestellt, obgleich sie praktisch nie eine andere Wahl gehabt hatte, als in den Fußstapfen ihrer Eltern zu bleiben. Sie lebte von Kind an in einer religiösen Welt, wobei die Gebete weniger ein Reden mit Gott waren als vielmehr eine Art Ritus, der erfüllt werden mußte, um Unglück zu verhindern.

»Ich hatte immer Angst. Solange ich denken kann, hatte ich Angst. Auch meine Mutter hatte Angst. Ich erinnere mich noch genau, wie sie einmal mit dem Losungsbüchlein hinter mir herlief, um mich nicht ohne ein Wort Gottes aus dem Haus zu lassen. Auf dem Schulweg dann betete ich, weil ich Angst hatte, sonst würde alles schief gehen. Ich wußte, daß man von mir erwartete, Diakonisse zu werden. Aber ich wollte nicht. Alles in mir lehnte sich dagegen auf. Ich wollte frei sein. Dann sagte man mir, daß es der Wille Gottes sei, daß ich ›dienen lerne‹. Ich war verzweifelt und fürchtete, daß ich in dieser inneren Auseinandersetzung wieder den kürzeren ziehen würde. Ich war davon überzeugt, daß Gott mich quälen wollte und zwar so lange, bis ich nachgab. Wenn ich an einem Jugendtreffen teilnahm und irgendwann fiel der Begriff ›Wille Gottes‹, so wußte ich, daß ich gemeint war. Und wenn der Pfarrer zur Bekehrung aufrief, so hatte ich das Gefühl, daß ich mich melden müsse. ›Wenn du das nicht tust‹, dachte ich, ›kann es zu spät sein.‹ Aber ich war ja schon bekehrt. Immer, wenn von Sünde die Rede war, fühlte ich mich schuldig und hatte den Eindruck, noch irgend etwas bekennen zu müssen.

Mein ganzes Leben war geprägt von der Angst vor Gott. Ich wollte Gott hassen, aber dazu hatte ich keinen Mut. Ich sah in Gott einen blutrünstigen Tyrannen, der nach Herzens Lust sein Opfer quält –

aber ich wagte nicht, diesen Gedanken auszusprechen. Ich war so gefangen von meiner Angst vor Gott oder genauer gesagt von dem Bild, das ich von Gott hatte.«

Dieses Bild aber wurde schon in frühester Kindheit in ihre Seele hineingebrannt. Und da sie in einer unfreien, freudlosen Atmosphäre aufwuchs, ist sie nie auf den Gedanken gekommen, dieses Bild könne ein düsteres Zerrbild sein. Sie zermarterte sich in dem Gedanken, ob der Wille Gottes ihrem natürlichen Streben entgegenstehe und ob in ihrem Leben noch irgendwo verseckt eine Sünde sei. Sie war ständig auf der Suche nach irgendwelchen Versäumnissen und geriet dadurch in immer neue Konflikte und konnte nie zur Freude durchbrechen, weil sich ihre Gedanken unentwegt mit Sünde befaßten. Dahinter aber steckte letztlich die Angst, bei der großen Prüfung am Ende der Zeit nicht bestehen zu können.

Wundern wir uns da noch, daß oft so wenig Freude in unseren Gemeinden spürbar ist? Die Angst hält die einzelnen zusammen und die Tradition. Aber sind sie Jesus selbst begegnet? Haben sie dieses befreiende Aufatmen in Seiner Gegenwart erlebt? Wo kein Leben ist, wird das Leben durch Gesetz und Zwang vorgetäuscht. Und so kommt es dann zu jenen Fertigprodukten auf dem religiösen Supermarkt, die ungesund, schwer verdaulich, ja manchmal ungenießbar sind.

Vor mir saß ein etwa fünfzigjähriger, unverheirateter, korrekter aber selbstunsicherer Mann.

»Als ich noch Kind war, hat es immer geheißen: ›Paß auf, der liebe Gott sieht dich.‹ Das hat jedesmal einen tiefen Eindruck bei mir hinterlassen. Vor meinem Vater hatte ich Angst. Er duldete keinen Widerspruch. Was er wollte, mußte geschehen. Er war oft nicht zu Hause. Aber er hatte ja für einen allgegenwärtigen Vertreter gesorgt, vor dem ich noch mehr zitterte als vor ihm. Und weil ich nicht wußte, wo ich mich vor diesen alles durchdringenden Augen verstecken konnte, lebte ich immer in Angst. Als ich dann älter wurde, schickte mich meine Mutter in den Jugendkreis. Manchmal machte es mir Spaß, aber meistens fühlte ich mich recht unwohl. Ich fühlte mich immer beobachtet.

Eines Abends sprach ein Prediger zu uns und drohte uns: ›Wer sich heute nicht bekehrt, ist ewig verdammt!‹ So bin ich dann aus lauter Angst nach vorne gegangen. Jetzt war ich bekehrt. Aber allmählich fing ich an, mich über alles lustig zu machen.«

Wird der Glaube nicht von der Liebe bestimmt, so wird er anstatt zu einer Quelle der Geborgenheit zu einer Quelle der Angst und damit zu einer Brutstätte zwangsneurotischen und magischen Denkens. Wie sehr steht solch ein Christentum dem Geist Jesu entgegen, von dem es heißt, daß er »den glimmenden Docht nicht auslöschen und das zerknickte Rohr nicht zerbrechen wird« (Jes. 42,3). Wie behutsam muß Jesus mit den Menschen damals umgegangen sein, die sich in innerer Not befanden. Er forderte keine masochistische Selbstzerfleischung. Die Menschen spürten seine Liebe und wurden gesund.

Angst vor dem Leid

Mehr denn je begegnen wir heute Menschen, die jeder Belastung aus dem Wege gehen. Das Bild einer unbeschwerten Heiterkeit steht ihnen als Ideal vor Augen, wo das Leben einem kindlichen Spiel gleichkommt. Sie haben nie gelernt, mit Schwierigkeiten umzugehen. So erscheint es ihnen unmöglich, eine Enttäuschung hinzunehmen, Opfer zu bringen, zurückzustehen oder gar Schmerzen auszuhalten. Für jedes Unbehagen steht ein passendes Medikament bereit; aber trifft sie ein Leid, das durch kein Medikament aufgehoben werden kann, zerbrechen sie.

Kürzlich erhielt ich den Anruf einer jungen Dame, die sich bitter beklagte, daß es ihr noch immer nicht besser gehe. Sie machte mir Vorwürfe, weil die Medikamente nicht den gewünschten Erfolg zeigten und ihre Beschwerden nicht sogleich verschwanden. Sie war ein verwöhntes Kind. Sie jammerte und klagte und kommentierte selbst das kleinste Mißbehagen. Mit beredten Worten schilderte sie ausführlich ihre Mißempfindungen. Dahinter aber verriet sich die Angst, von einer schweren Krankheit betroffen zu werden, der sie ohnmächtig ausgeliefert wäre. So überbewertete sie ihre augenblicklichen Beschwerden und sah darin drohende Vorboten jenes unbekannten Leids, das ihr bestimmt sei. Sie wohnte nur einige Straßen von einem großen Krankenhaus entfernt, doch vermied sie es nach Möglichkeit, dort vorbei zu gehen, um nur ja nicht an das Leiden erinnert zu werden. Las sie Berichte von Menschen, die Gefangenschaft und Folter erleiden mußten, wurde sie jedesmal von der Angst befallen, ihr könnte dasselbe Schicksal widerfahren. In ihrer regen Phantasie sah sie sich selbst als Gefangene und erlitt alle Einzelheiten einer Folter und verfiel in tiefe Depression.

Wies sie jemand auf ihre geordneten Verhältnisse hin, so mußte sie zwar zugeben, daß kein Grund zu einer Klage vorhanden war, aber sie mißtraute ihrem Glück und lebte in spannungsgeladener Angst vor dem nächsten Augenblick, wo das Leid über sie hereinbrechen könnte.

Ich denke, es war sehr weise von Jesus, daß er uns den Rat gegeben hat, nicht für den nächsten Tag zu sorgen, weil jeder Tag genug eigene Probleme hat (Matth. 6,34). Wir brauchen alle Kraft und allen Einsatz, um heute das zu leisten, was von uns erwartet wird. Wer mit seinen Gedanken angstvoll die Zukunft absucht, der kann den täglichen Forderungen, die an ihn gestellt werden, nicht mehr gerecht werden. Aber wenn wir heute im Vertrauen auf Gott die Aufgaben, die auf uns warten, anpacken, haben wir auch die Zusicherung, daß er uns morgen nicht verlassen wird. Und wenn Jesus seine Freunde darauf hinweist, daß sogar unsere Haare gezählt sind, so heißt das doch, daß es nichts gibt, über das Gott nicht Herr wäre, daß alles ihm unterstellt ist.

Es gibt ein Leiden, das wir selbst verschuldet haben; es gibt auch ein Leid, das uns von anderen zugefügt wurde; aber es gibt auch Leiden, dessen Ursprung nicht erkennbar ist. Entscheidend aber ist, wie wir dem Leiden begegnen, ob wir bei der Anklage stehen bleiben, ob wir uns auflehnen oder resignieren – oder ob wir unser Leben dem anvertrauen, der allein Macht hat.

Es gibt kein blindwütendes Schicksal, dem wir zum Opfer fallen könnten. Was immer uns begegnet, geschieht mit der Einwilligung unseres Vaters, der uns liebt. Und dieser Gott ist Tag und Nacht darauf bedacht, Zeichen seiner Liebe zu setzen. Aber wir sind oft so mißtrauisch. Wir trauen es Gott einfach nicht zu, daß er es gut mit uns meint.

Ich glaube, es fällt uns schwer, Paulus als gewöhnlichen Menschen zu sehen. Er wird uns stets als der erfolgreiche Christ vor Augen gemalt; aber wenn wir unvoreingenommen verschiedene Lebensstationen von ihm betrachten, werden wir vermutlich anfangen, an seinem Erfolg zu zweifeln. Nehmen wir als Beispiel die Situation, als er gesteinigt wurde und dalag wie ein wehrloser Hund, oder als er öffentlich ausgepeitscht und in Ketten gelegt wurde, oder als er Schiffbruch erlitt und um sein Leben schwimmen mußte – was war das Geheimnis, das diesen Mann aufrecht erhielt und nicht verzweifeln ließ? Was hat ihm in diesen scheinbaren Niederlagen Hoffnung gegeben und Mut zum Durchhalten?

Ich meine, es war zweierlei: einmal seine Grund-Einstellung, daß alles, was ihm widerfährt, für sein Leben nur vorteilhaft ist, wie er es im Römerbrief zum Ausdruck brachte (Röm. 8,28), zum andern das Bewußtsein der Gegenwart Jesu. Er rechnete einfach mit der Tatsache, daß Jesus da ist, ja mehr noch, in ihm lebt (Gal. 2,20). Und dann durfte er Zeuge dessen werden, wie Jesus das Unmögliche möglich machte und eine scheinbar aussichtslose Situation in einen Triumph umwandelte. Aber nicht immer konnte Paulus diesen Sieg sofort sehen, dennoch war er fest davon überzeugt, daß Jesus sein Wort einlösen würde. Ja, er war bereit, sein Leben zu lassen, denn er zweifelte nicht daran, daß Gott aus dem Tod neues Leben wecken wird. So konnte er sagen: »Wir werden bedrängt – aber nicht in die Enge getrieben, in Zweifel versetzt – aber nicht in Verzweiflung, verfolgt - aber nicht verlassen, zu Boden geworfen, aber nicht vernichtet . . .« (2. Kor. 4,8).

Da sind Probleme, und solange wir auf dieser Erde sind, werden immer Probleme sein – aber es wird auch ein Weg sein. Wir können das Leid nicht ausklammern, aber wir brauchen nicht zu erschrecken. Wenn wir uns zu Gott halten, so gilt auch uns das Versprechen, seiner Gegenwart, wie es Josua gegolten hat. Da war ein Gebot zur Freude in einer scheinbar so aussichtslosen Situation, als Gott zu Josua sagte: »Siehe, ich habe dir geboten, daß du getrost und freudig seist. Laß dir nicht grauen und entsetze dich nicht; denn der Herr, dein Gott, ist mit dir in allem, was du tun wirst« (Josua 1,9). Und dann muß das, was uns wehtut, an dem wir uns wundreiben, was wir nicht verstehen, letztlich dazu dienen, den eigentlichen Wert aus unserem Leben herauszukristallisieren, so daß das Leben einen Tiefgang zeigt und in einer Schönheit und Reife erstrahlt, wie es vorher nie der Fall gewesen wäre.

Angst vor dem Reifungsprozeß

Reife selbst ist nicht angsterzeugend, wohl aber die Konsequenz, die der Entschluß zur Reifung nach sich zieht. Fragen wir zunächst: Was ist Reifung?

In dem Wort Reifung liegt eine Bewegung. Da ist nichts Statisches. Reifung ist der Weg zur Reife. Und dieser Weg ist häufig recht beschwerlich, so daß die Mehrzahl der Menschen es vorzieht, im Leben irgendwo zu »parken« oder in kindliche, bzw. kindische Reaktionsweisen zurückzufallen. Sie kommen niemals ans Ziel.

In der heutigen Konsumgesellschaft wird alles zum direkten Verzehr angeboten. Mit möglichst geringem Aufwand an Zeit und persönlichem Engagement will man Genuß.

Reifung aber ist ein Prozeß, der Zeit braucht. Sie geschieht nicht von heute auf morgen und wir können sie auch nicht als Fertigprodukt auf der neuesten Messe bestellen.

Reifung setzt Arbeit voraus. Sie ist mit Anstrengung verbunden. Eine Sofort-Befriedigung führt niemals zur Reife; vielmehr wird eine Persönlichkeit durch Verzicht geprägt und widerstandsfähig. Und erst der Verzicht wird ihr Charakter verleihen. Charakter aber gehört untrennbar zur Reife. Er ist letztlich Ausdruck der Individualität.

Heutzutage wird viel von Individualität gesprochen. Sie wird zwar jedem zugestanden, aber diese Individualität geht zumeist auf Kosten der Reife. Der einzelne gebärdet sich, als sei es sein Recht, alles zu empfangen, was er sich wünscht, oder bei anderen sieht. »Gleiches Recht für jeden«, klingt zwar nach Gemeinschaft, aber in Wirklichkeit ist eine Gemeinschaft ohne Verzicht nicht denkbar.

Jede Forderung wird als Angriff auf die Freiheit gewertet. Die Freiheit aber muß unantastbar sein. Doch eine Freiheit ohne Einschränkung ist keine Freiheit, sondern führt zur Sklaverei, so paradox das klingt.

Das Verhängnisvolle ist, daß Parolen von Freiheit, Recht und Individualität von denen am lautesten proklamiert werden, die es nie gelernt haben, sich selbst zu überwinden.

Aber womit ist es zu erklären, daß nur so wenige Menschen den beschwerlichen Weg auf sich nehmen und den persönlichen Einsatz wagen, eigenständige Persönlichkeit zu werden und nicht nur Teil einer Massenproduktion? Ist Reife darum so wenig erstrebenswert, weil so wenige wissen, was Reife ist?

Es ist nicht leicht, mit wenigen Strichen das Wesen der Reife zu skizzieren, denn es ist zu umfassend. So sollen hier wenigstens vier Wesenszüge genannt werden, die meiner Meinung nach die Reife einer Persönlichkeit ausmachen.

Erstens: das Bewußtsein, Individuum zu sein,

Zweitens: die Fähigkeit, sich in der Gemeinschaft zu bewähren,

Drittens: die Eigenschaft, ausdauernd bei einer Sache zu bleiben, d. h. nicht so schnell aufzugeben,

Viertens: die Fähigkeit, sich auf eine neue Situation umzustellen.

Diese vier Punkte weisen einige scheinbare Widersprüche auf, die jedoch bei näherer Betrachtung durchaus keine Gegensätzlichkeit darstellen. Ich will das ein wenig ausführen:

Eine Überbetonung der Individualität geht auf Kosten der Gemeinschaft. Wir alle kennen Menschen, die rücksichtslos ihren eigenen Vorteil wahrnehmen und ihre egoistischen Ziele verfolgen, ganz gleich, ob ein anderer dadurch zu Schaden kommt oder nicht. Sie nehmen sich das Recht, denn sie wollen beweisen: ich bin jemand. Diese Rigorosität eines Individuums muß jede Gemeinschaft zerstören.

Umgekehrt: Wer um jeden Preis ein Gemeinschaftsmensch sein will, wird oft seine Individualität einbüßen. In dieser Gruppe finden wir Menschen, die aus Angst um ihren guten Ruf laufend Zugeständnisse machen und bemüht sind, jedem entgegenzukommen. Nicht selten sind es die Selbstunsicheren ohne Selbstwertgefühl. Sie haben keine Eigeninitiative, sondern verstecken sich stets hinter dem andern. Es sind Menschen, die wie ein Schilfrohr im Wind hin- und herschwanken, und sich stets der Meinung eines andern anpassen, ohne sich weiterzuentwickeln. Weil sie ständig wandlungsfähig sind, tragen sie viele Gesichter. Sie sprechen nach, was andere sagen und können von einer Sekunde zur andern aus Schwarz Weiß machen. Sie können auf nichts verzichten und möchten alles gleichzeitig genießen. Diese Oberflächlichkeit aber hat nichts mit reifer Wandlungsfähigkeit zu tun.

Betonen die einen zu sehr ihre Sonderstellung, so tritt bei den andern ihre Einmaligkeit zu stark in den Hintergrund. Zur reifen Persönlichkeit gehört es, daß ein Mensch diese Eigenschaften in sich vereint, ohne extrem, ohne einseitig zu sein.

Darüber hinaus kennen wir alle Menschen, die zwar bei einer Sache bleiben, aber so starr ihren Standpunkt vertreten, daß sie keinerlei andere Möglichkeit akzeptieren. Es ist sehr schwierig, mit diesen starrköpfigen Menschen zusammen zu leben. Aber es gibt eine reife Art, zielstrebig einer Richtung zu folgen, wobei man offen ist für die Ansichten eines andern, sich nicht unschlüssig hin- und herbewegen läßt, sondern aus innerer Überzeugung seine Erkenntnis vertritt. Stellt es sich aber heraus, daß man sich geirrt hat, scheut man auch nicht davor zurück, seinen Irrtum einzugestehen.

Zu einer reifen Persönlichkeit gehört es, daß sie sich in jeder Situation zurechtfindet, ohne in Panik zu geraten. Sie ist fähig, eine Situation, die sie verändern kann, zu verändern und eine Situation, die sie nicht ändern kann, hinzunehmen, ohne daran zu zerbrechen. Sie kann sich anpassen, ohne wankelmütig zu sein und ohne sich selbst aufzugeben. Das aber will gelernt sein, so wie Paulus in seinem Brief an die Philipper sinngemäß schrieb: »Ich habe gelernt mich mit dem zufrieden zu geben, was ich habe. Ich kann als unbedeutend angesehen werden und Ruhm ertragen; ich kann mich jeder Situation anpassen; so kann ich satt sein und Hunger durchhalten; ich kann mit Überfluß ebenso umgehen wie mit Mangel. Ich vermag alles durch den, der mich mächtig macht, Christus« (Phil. 4,12).

Eine neue Größenordnung

Ein Mensch, der eine echte Reife erworben hat, ist einer, der Angsterlebnisse und negative Ereignisse nicht einfach aus seinem Leben weggeschoben hat, sondern Schwierigkeiten richtig in sein Leben integriert, d. h. verarbeitet und in seine Persönlichkeit hineingenommen hat.

Ich erinnere mich an ein Gespräch mit einem alten Freund. Es war eine Wohltat, diesen Menschen kennenzulernen, seine ruhige Ausstrahlung und liebevolle Art.

Ich fragte ihn: »Wie wird man so? Bist du immer von Natur aus so gewesen oder was war es, das dich so bestimmt und geprägt hat?« Dann erzählte er aus seinem Leben. Ein Schlüsselerlebnis hat ihn als jungen Menschen besonders geprägt:

Als junger Vikar kam er in eine Gemeinde, die bis dahin von einem sehr dynamischen, bekannten Pfarrer geleitet worden war. Mein Freund war voller Ideen und Begeisterung und freute sich, diese Gemeinde zu übernehmen. Als dann die erste Vorstandssitzung kam, saß dort, wo er eigentlich hätte sitzen sollen, jener alte Pfarrer und leitete die Sitzung. Er selbst wurde kaum beachtet, geschweige denn gefragt. Mein Freund war verletzt. Er hoffte, daß es sich beim nächsten Mal ändern würde. Aber es änderte sich nichts. Ihm persönlich wurden kleine, nebensächliche Aufgaben zugeteilt, die ihn nicht befriedigen konnten. »Vielleicht wird es sich einspielen, daß ich nach einigen Monaten dann die Gemeinde nehmen kann«, dachte er. Aber er sah sich getäuscht. Ein Jahr später residierte noch immer jener bekannte Pfarrer. Allmählich fing mein Freund an zu rebellieren, wozu eigentlich war er da, wenn ihm alle Arbeit aus der Hand genommen wurde? Dieser Zorn, der in ihm wach geworden war, steigerte sich zu einer Existenzangst: »Bin ich am Ende untauglich für meinen Beruf? Ich werde überhaupt nicht ernst genommen.«

Er betete – aber er fand keine Erleichterung.

Die Empörung in ihm war inzwischen so stark geworden, daß er beschloß, diese Sache selbst in die Hand zu nehmen. Er wollte aufgeben und bat um einen Termin bei dem Superintendenten.

An dem Tag verstarb plötzlich sein Vorgänger. Mein Freund war zutiefst bestürzt, ja, erschüttert. Er schämte sich seiner Rebellion. War nicht durch sein Aufbegehren das zunichte geworden, was er anderen predigen wollte? Er hatte versagt.

In jener Nacht gab er Gott sein Amt zurück mit der Bitte: »Erwähle einen andern, ich tauge nicht.« Aber dann war es ein Wort, das ihn traf: »Der Herr hat euch nicht darum angenommen und erwählt weil ihr mehr wäret als alle Völker – du bist das Kleinste unter allen Völkern – sondern darum, weil Er euch geliebt hat. . .« (5. Mose 7). Plötzlich sah er die Arbeit und das Leben in einem neuen Licht. Dieses Erlebnis hatte ihn entscheidend geprägt und ihm eine neue Größenordnung verliehen. Es hat ihn großzügig werden lassen und barmherzig. Von jetzt an hatte er ein Ziel vor Augen, dem er alles andere unterordnete. Was schon bedeutete es, ob er persönlich zur Geltung kam und die Anerkennung fand, die er sich erhoffte? War das wirklich entscheidend oder ging es nicht um weit wichtigere Dinge?

Es folgten noch viele Enttäuschungen und Demütigungen – aber er hatte gelernt, sie anders zu verarbeiten und die Erlebnisse in einem neuen Licht zu sehen. Er hatte gelernt, auch für schwierige Umstände zu danken, weil sie ihm Gelegenheit gaben, innerlich reifer zu werden, zu erkennen, wo er noch verletzbar war. Er sagte: »Ich möchte alle diese Erfahrungen nicht missen. Ich blicke nicht mit Schaudern zurück, sondern mit Dank, denn es war in der Tat gut, daß alles so gewesen ist.«

Zur Reifung gehört es, daß wir lernen, Schwierigkeiten zu bestehen. Durch Schwierigkeiten haben wir die einzigartige Möglichkeit, unsere Persönlichkeit zu gestalten. Auch die Alltagsschwierigkeiten, dieser aufreibende Kleinkrieg, trägt dazu bei, daß wir trainiert werden, mit Schwierigkeiten umzugehen.

Haben Sie schon einmal einem Bildhauer bei seiner Arbeit zugesehen? Er hat eine Vision von dem Bild, das er formen will, und nach und nach gewinnt der grobe Block Gestalt.

Im Gegensatz zu einer Fotografie hat er die Möglichkeit, die individuellen Züge, die in ihm leben, auf diese Figur zu übertragen. Das ist eine mühsame Arbeit.

Wir brauchen die alltäglichen Notwendigkeiten, die uns manchmal erdrücken wollen, aus denen wir am liebsten ausbrechen möchten – aber gerade durch die Alltagsschwierigkeiten soll unsere Persönlichkeit herauskristallisiert werden. Wenn wir jedem Problem auszuweichen versuchen und nicht bereit sind, die sich täglich wiederholenden Forderungen auf uns zu nehmen, um uns daran zu üben, werden wir nie zu einer Persönlichkeit heranreifen, die ihre wohltuende Auswirkung auf andere hat.

Im Hebräerbrief wird das Leben mit einem Wettlauf verglichen, und wir werden aufgefordert, jede hemmende Last und Sünde abzuwerfen und mit Ausdauer zu laufen (Heb. 12,1 und 2).

Unser ganzer Einsatz ist gefordert. Da haben wir keine Zeit, uns über Kleinigkeiten zu streiten, um den andern unser Recht zu beweisen – wir haben ein Ziel, das uns wichtig ist.

Einige Verse später spricht der Schreiber von dem Ergebnis, das durch solch eine Übung erlangt wird, jener friedvollen Frucht der Gerechtigkeit. Das ist die Krönung einer gereiften Persönlichkeit. Sie strahlt Frieden aus. Da ist nicht Gehetztes, Hektisches. Sie atmet Ruhe, Gelöstsein. Die Gerechtigkeit, die von ihr ausgeht, hat nichts mit Rechthaberei zu tun. Auch wenn sie verleumdet wird und zu Unrecht beschuldigt – der Friede in ihr ist Zeugnis ihres Adels.

Vorbild der Schrift

Das Charakteristische bei der Angst ist, daß wir auf das starren, was uns angst macht und wie fixiert an dem Problem kleben bleiben, das uns zu überwältigen droht. Es gibt keine menschliche Situation, die nicht im Wort Gottes vorgebildet wäre und zugleich eine Lösung aufzeigte.

Eine typische Angstsituation erlebte das Volk Israel unmittelbar vor der Erfüllung der Verheißung. Als die Kundschafter von ihrer Reise berichteten, war das Volk wie verblendet. All das Gute, Verlokkende konnte sie nicht begeistern, sie sahen nur das Problem der Riesen, sie konnten an nichts anderes mehr denken (4. Mose 13, 33). All ihre Gedanken kreisten um das eine Problem, vor dem sie schließlich kapitulierten. Die Schwierigkeit war für sie realer als die Zusage Gottes und erschien ihnen unüberwindbar groß. Sie mißtrauten dem Versprechen Gottes. Sie hatten nichts aus der langen Wanderung mit den vielen ermutigenden Erfahrungen gelernt. Die Kraft Gottes schien unendlich weit entfernt und für ihr gegenwärtiges Problem nicht zuständig.

Wie häufig lassen wir uns von einer Schwierigkeit entmutigen, an der gerade die Kraft Gottes hätte sichtbar werden können. So nehmen wir mit unserem Rückzug Gott die Möglichkeit, für uns zu streiten und zu demonstrieren, was er aus einer scheinbar verlorenen Schlacht machen kann.

Hier hat das Volk Israel auf eine Angstsituation negativ reagiert. Aber es sind uns auch Beispiele überliefert, wo es einzelne wagten, im Vertrauen auf Gott weiterzugehen. Und sie haben erfahren, daß Gott sein Versprechen hält.

Angstbewältigung wird uns nicht als reife Frucht in den Schoß gelegt. Wir müssen einen Einsatz wagen. So mußten die Priester, die dem Volk Israel auf dem Weg in das verheißene Land vorauszogen, ihre Füße in den Jordan setzen. Sie hätten ihr Leben lang vor diesem Hindernis stehen bleiben können und beten, daß Gott die Fluten stoppt – es wäre nichts geschehen. Sie mußten im Glauben handeln (Josua 3,15). Und da wir wissen, daß die Schrift uns zur Lehre geschrieben wurde (2. Tim. 3,16) so sollten wir die entsprechende Lehre daraus auch ziehen.

Wie bewältige ich meine Angst?

Da die Angst ihren Sitz tief in unserer Persönlichkeit hat, genügt es nicht, eine oberflächliche Korrektur vorzunehmen, andernfalls würde die Angst sich an anderer Stelle einen Weg bahnen.

Bei der Angstbewältigung haben sich folgende Punkte als hilfreich erwiesen:

1. Ein *fester Entschluß* ist notwendig.

Das klingt so selbstverständlich, und doch ist das die erste Voraussetzung. Zu diesem Entschluß gehört es, daß wir uns dafür entscheiden, als Menschen in dieser Welt zu sein. Zwar leben wir als Menschen in dieser Welt; aber das genügt nicht. Wir müssen dieses In-der-Welt-sein bejahen. Nur wer sich selbst bejaht und das Leben, das er empfangen hat, der kann auch seine Leiblichkeit akzeptieren und damit die Tatsache, daß er diesen Leib, der ihm anvertraut wurde, wieder verlassen wird, wenn seine Zeit gekommen ist. Angst wird ja nur in dieser Spanne Zeit erlebt. Wer sich mit diesen Gedanken vertraut macht, wird das, was ihn ängstigt, besser durchschauen. Wenn es gelingt, der Angst sachlich zu begegnen, ist schon der erste Schrekken genommen. Eine klare Absage kann eine große Hilfe sein.

2. Wer mit der Angst kokettiert, vor ihr flieht oder sich ihr unterwirft, wird sie niemals besiegen. Das eine schließt das andere aus.

Es gibt Menschen, die stellen sich mit ihrer Ängstlichkeit zur Schau und reden über ihre Angst, als sei sie eine Tugend. Es genügt nicht, wenn wir unsere Angst als Schwäche zwar eingestehen, aber nicht bereit sind, uns davon zu distanzieren. Es gibt ein Liebäugeln mit der Angst, wo die ängstliche Veranlagung als Wertsymbol ausgehängt wird, wo es heißt: »Ich bin nun mal so veranlagt. . .« Angst – ganz gleich in welcher Form – hat immer eine negative Ausstrahlung, nicht nur auf den, der Angst hat, sondern auch auf andere, die unbeteiligt sind.

Andere wiederum wählen die Flucht. Sei es die Flucht in den Materialismus oder irgendeine Ideologie, sei es die Flucht in die Arbeit und ein Übermaß an Pflichten; auch eine Überbetonung der Sexualität kann eine Flucht sein, die unsere Angst verrät, mit der wir das Leben festzuhalten versuchen. Ebenso kann Terror ein Versuch sein, der eigenen Angst zu entfliehen.

Und dann gibt es Menschen, die werden von ihrer Angst zerquält und durchleiden Tag und Nacht alle Schrecken ihrer Angst, aber haben weder Mut noch Kraft, ihr zu widerstehen. Sie haben resigniert. Für diese Menschen ist es wichtig, daß sie eine Kampfmethode wählen, mit der sie Erfolg haben. Wenn wir versuchen, in eigener Kraft zu kämpfen, werden wir bald wie ein verwundeter Krieger auf der Strecke bleiben. Aber wir haben einen Verbündeten: Jesus Christus. Darum ist bei der Angstbewältigung eine *klare Absage* an die Angst angezeigt. Wir wissen, daß Satan unermüdlich bestrebt ist, uns lahm zu legen. Das gelingt ihm am besten durch Angst; denn Angst macht blind, so daß wir die Möglichkeiten Gottes nicht sehen. Als der Prophet Elisa und sein Schüler unterwegs in eine Stadt waren, sahen sie die Stadt belagert. Die erste Reaktion des Schülers war Angst. Da bat Elisa, daß Gott ihm die Augen für jene andere Wirklichkeit öffnen möge. Und in dem Augenblick, als er sich von den mächtigen Streitwagen Gottes umringt sah, wich die Angst (2. Kön. 6,15). Mit jedem negativen Gedanken gewinnt Satan mehr Macht über uns. Wir müssen die Absicht Satans dahinter erkennen und ihm im Namen Jesu widerstehen.

3. Eine weitere Voraussetzung der Angstbewältigung ist die Aufrichtigkeit. Ich muß *ehrlich sein.*

Die vorgetäuschte Selbstlosigkeit einer Mutter, die ihre Kinder von einer Verselbständigung zurückhält, ist oft nichts als getarnter Egoismus. Sie will sich unentbehrlich machen und entmündigt ihre inzwischen herangewachsenen Kinder, um sie wie ihren persönlichen Besitz festzuhalten. Es genügt nicht, daß wir mit Worten erklären, den andern freizugeben, ihn aber gefühlsmäßig binden. Wir müssen unsere übertriebene Ängstlichkeit als Egoismus erkennen und unsere zahlreichen Abwehrmechanismen, mit denen wir uns selbst schützen, durchschauen.

4. Die Angst muß *richtig eingeordnet* werden.

Angst als Schreckreaktion ist durchaus kreatürlich. Aber wenn jemand in einer negativen Erwartungsangst lebt, entspricht er nicht den Gedanken Gottes. Daher kann Angst, wenn wir nicht in rechter Weise mit ihr umgehen, zur Schuld werden. Wenn uns in der Bibel wieder und wieder zugerufen wird: »fürchtet euch nicht« und wir uns dennoch aus Angst nicht vorwagen, so sind wir ungehorsam und damit vor Gott schuldig geworden. Denn Angst ist letztlich nichts anderes als Mißtrauen gegen Gott und Zweifel, ob er wirklich sein Wort einlöst. Zweifel und Unglaube aber werden mit Sünde bezeichnet und bedürfen genauso der Vergebung wie Ehebruch und andere Übertretungen des Gesetzes.

5. Wir müssen unser *Denken und Reden kontrollieren und korrigieren.*

Wie viele Menschen wiederholen Tag für Tag die Eingebungen Satans. Sie berichten von ihren negativen Erfahrungen, ihren Enttäuschungen an Menschen, von dem, was ihnen an Unrecht zugefügt wurde. Sie beschreiben ihre körperlichen Beschwerden bis ins kleinste und reden über die Sünden anderer. All ihre Zukunftserwartungen sind negativ geprägt und sie halten nicht damit zurück, schlimmste Befürchtungen zu äußern, so daß sie auch andere in den negativen Bann mit hineinziehen. Ihr ganzes Denken und Reden ist negativ programmiert, so daß sie nicht eine positive Feststellung treffen können, ohne ihr eine negative Würze beizumischen.

Wer von seiner Angst befreit werden will, muß schon den ersten negativen, angstbezogenen Gedanken stoppen und durch einen positiven ersetzen; denn wenn wir der Angst keinen Einlaß gewähren, kann sie nichts ausrichten. Wenn wir ihr versagen einzudringen, ist sie entmachtet. Wer aber auch nur auf den ersten quälenden Gedanken eingeht und anfängt, innerlich darüber zu diskutieren, der ist schon besiegt. Wir müssen daher lernen, positiv zu denken. Das bedeutet nicht, daß wir unsere Augen vor der Realität verschließen, sondern daß wir nicht zulassen, daß die Angst Gewalt über uns bekommt.

Wir werden geprägt von dem, was wir denken und reden; daher müssen wir unser Denken und Reden von Grund auf erneuern. Sobald auch nur ein negativer Gedanke in uns aufkommt, müssen wir ihn abweisen, bevor er uns in seinen Griff bekommt und uns niederzwingt. Am besten und wirkungsvollsten geschieht das, indem wir Verheißungen Gottes wiederholen und den Worten Gottes mehr Glauben schenken als den zigtausend Befürchtungen, mit denen Satan uns lahmzulegen versucht. In Philipper 4,4–8 zeigt Paulus den Christen, wie sie dem inneren Sturm begegnen können. Er gibt ihnen ganz konkrete Hinweise und fordert sie auf, sich an Gott zu erfreuen, freundlich und um nichts besorgt zu sein, zu beten, und in Gedanken sich nur mit den Dingen zu befassen, die echt sind und ehrenhaft, gerecht, rein, liebenswürdig, lobenswert und untadelig. Wenn unser

Denken mit diesen positiven Dingen erfüllt ist, wird der Gott des Friedens mit uns sein!

6. Wer von seiner Angst befreit werden will, sollte anfangen zu *danken.*

Es wird nicht leicht sein, sich umzustellen. Wir werden – zumindest zu Anfang – immer wieder in unsere alte Leier zurückfallen; das aber soll uns nicht entmutigen, ein »neues Lied« anzustimmen, ein Lied, das nicht die Siege Satans besingt, sondern den Triumph Gottes!

David sagt in seinen Psalmen: »Ich danke dem Herrn von ganzem Herzen und erzähle alle deine Wunder. . .«, Psalm 9,2 und Psalm 34,2: »Sein Lob soll immerdar in meinem Munde sein. . .«, er fordert auch andere auf, zu singen, zu spielen und von den Wundern Gottes zu reden (Ps. 105). Und Paulus gibt der Gemeinde in Ephesus den Rat: »Redet untereinander in Psalmen und Lobgesängen und geistlichen Liedern, singet und spielet dem Herrn in euren Herzen und saget Dank allezeit und für alles Gott, dem Vater, in dem Namen unseres Herrn Jesus Christus« (Eph. 5,19).

Wenn Paulus uns hier zum Danken auffordert, so setzt er keine Gefühle voraus. Ganz ungeachtet dessen, ob uns zum Danken zumute ist oder nicht. Wir sollen danken, auch für die Schwierigkeiten und die zahllosen Umstände, die uns ängstigen. Wir sollen danken – nicht trotz einer aussichtslos erscheinenden Situation, sondern *für* diese; denn gerade in dieser Situation soll die Kraft Gottes sichtbar werden. Gerade an den Schwierigkeiten sollen wir die Möglichkeiten Gottes kennenlernen. Anstatt zu versuchen, die Hindernisse hinwegzubeten, sollen wir anfangen, Gott für diese Hindernisse zu danken.

7. Angstbewältigung setzt eine Aktion voraus, d. h. wir sind *zum Tun aufgerufen.*

Von unserer Angst werden wir nicht im Schlaf befreit. Auch das mag es geben, plötzlich diese Entspannung, wenn der Blick freigegeben wird für eine neue Dimension, ein Aufatmen in der Geborgenheit. Aber der normale Weg ist, daß wir trotz unseres inneren angstgeprägten Widerstandes vorwärts gehen.

Gott hat uns die Verheißung gegeben: »Wenn du durchs Wasser gehst, will ich bei dir sein, daß dich die Ströme nicht ertränken sollen« (Jes. 43,2). Hier sind wir zum Wagnis aufgerufen. Solange wir am Ufer stehen und darüber diskutieren, wie tief das Wasser ist und wie unmöglich es ist, da hinüber zu schwimmen, wird nichts geschehen. Erst indem wir die Angst anpacken und den ersten Schritt tun, werden wir sie besiegen. Nun schaffen es einige so weit, den Fuß gerade ins Wasser zu setzen. Wenn sie aber merken, daß sie nasse Füße bekommen, ziehen sie sich wieder zurück und geben ihrer negativen Vorschau recht: »Ich hab's ja gleich gewußt. . .« Aber wir haben nicht die Verheißung, daß wir nicht nasse Füße bekommen, sondern daß ER mit uns ist. Und wer es wagt, im Vertrauen auf die Verheißung Gottes weiterzugehen – ohne Rücksicht auf die eigenen Gefühle – , die Angst überwinden.

8. Diese neue Haltung muß eingeübt, d. h. *trainiert* werden.

Wir müssen immer wieder neu all das, was uns hindert, zur Seite legen; denn als Gefangene können wir nicht laufen. In Hebräer 12,1 heißt es: »Darum wollen auch wir (wie schon so viele vor uns) jede hemmende Last (und Angst ist eine hemmende Last!) und die uns so leicht umringende Sünde (und Angst kann zur Sünde werden, wenn wir uns ihr hingeben) – ablegen und mit Ausdauer laufen in dem Wettkampf, der vor uns liegt, indem wir hinblicken auf den Anfänger und Vollender des Glaubens, Jesus. . .« Er fordert uns nicht nur zum Laufen auf, sondern gibt uns zugleich den Tip, wie wir erfolgreich starten und ans Ziel gelangen können.

Wenn wir an dem Punkt angekommen sind, daß wir ganz bewußt unsere Angst und das, was uns ängstigt, Jesus abgeben, dann können wir es ihm zutrauen, daß er aus einer noch so unmöglichen Situation einen bleibenden Wert herausarbeiten kann. Dann wird das Ziel Satans, der auf Vernichtung aus war, im wahrsten Sinne durch »kreuzt«, d. h. durch das Kreuz nicht nur entschärft, sondern ins Gegenteil verwandelt, so daß kein Versagen, kein negatives Erlebnis, keine Enttäuschung, keine Krankheit, kein Leid für Gott ein Problem darstellt.

Ist es nicht eine große Befreiung, wenn wir dann später rückblikkend feststellen müssen, daß wir diese dunklen Stunden nicht einmal mehr missen möchten?

9. Zur Bewältigung der Angst gehört Mut zum *Vertrauen.*

In Hebräer 10,35 heißt es: »Werfet euer Vertrauen nicht weg, das eine große Belohnung hat«, d. h. gebt nicht vorzeitig auf. Vertrauen setzt Vertrautsein voraus. Ich muß also mein Gegenüber, mit dem ich es zu tun habe, kennenlernen. In dem Maße, wie ich Gott kennenlerne, werde ich ihm vertrauen. Und darauf wartet Gott. Nichts verletzt ihn so sehr wie unser Mißtrauen, mit dem wir seine Verheißungen infrage stellen. Wir stellen Bedingungen: Wenn Gott mir so oder so begegnet, dann. . . Aber Gott ist keine berechenbare Größe, die wir in unsere Hand bekommen könnten, um über sie zu verfügen nach unserem Wunsch. Er ist der Herr. Aber dann taucht da wieder dieses Gespenst Angst auf. Alles scheint dagegen zu sprechen, daß Gott lebt.

Kennen Sie die Bitterkeit, die anfängt, Beweise gegen Gott zu liefern? »Wenn Gott wäre, hätte er dieses oder jenes nicht zulassen können. . .« oder das fatalistische Sich-Ergeben, ohne Liebe, ohne Vertrauen, das Strecken der Waffen vor der Gefangennahme?

Gott will uns nicht niederzwingen. Er will, daß wir ihm vertrauen wie ein Kind. Er wirbt um unser Vertrauen. Von den ersten Seiten der Bibel bis zum Schluß zeigt er uns, daß er alles unter seiner Kontrolle hat, ja, daß sogar unsere Haare gezählt sind (Matth. 10,30). Und wenn er, der allein mächtig ist, regiert, was also kann uns geschehen, vor wem sollten wir uns fürchten? Wie oft hat Jesus seinen Jüngern zugerufen: »Fürchtet euch nicht!« Noch zum Abschied tröstete er sie: »Euer Herz erschrecke nicht (Joh. 14,1). Ich bin bei euch« (Matth. 28,20). So können wir uns selbst loslassen; denn wenn mein Leben bei Gott geborgen ist, vor wem sollte ich dann erschrecken? Selbst wenn ein ganzes Heer gegen mich zu Felde zieht, mein Herz fürchtet sich nicht. Ja mag eine Übermacht gegen mich kämpfen – ich bleibe dennoch getrost . . . (nach Ps. 27). Auch wenn die Gesetze dieser Erde aus dem Gleichgewicht geraten, und die Berge in die Tiefe des Meeres taumeln – wir fürchten uns nicht, denn der, dem alle Gewalt gegeben ist, und dem alle Mächte unterstellt sind, ist für uns (nach Ps. 46; Matth.28, 18; Röm. 8, 38). Er hat uns seine Liebe bekannt. Das bedeutet, daß wir zu jenem unvergänglichen, allmächtigen Du, dem alle Gewalten untertan sind und auf dessen Wink Tod und Leben gehorsam beiseite stehen, eine persönliche Beziehung haben können. Diese persönliche Beziehung gibt uns Sicherheit und Geborgenheit.

10. So liegt der Schlüssel der Angstbewältigung letztlich in der *Hingabe!*

Hingabe ist keine kalkulierte Leistung und keine bittere Unterwerfung. Hingabe ist Verschwendung. Nicht ein Aufgeben seiner selbst ins Nichts oder eine Auslieferung an einen, der Macht über mich hat, sondern eine freiwillige Übergabe. Ein Herrschaftswechsel: nicht mehr ich bestimme über mich, sondern der, dem ich mich anvertraut habe. Das ist die Haltung Liebender, die einander nichts vorenthalten, die nicht ängstlich auf ihr Recht pochen, sondern deren höchstes Glück darin besteht, den anderen zu erfreuen.

Hingabe ist ein Geben, ein Schenken. Ich schenke aber nicht nur etwas von mir, sondern ich schenke mich selbst. Ich halte mich nicht wie einen kostbaren Besitz, den ich verteidigen muß fest, sondern gebe mich in die Hand dessen, der mich liebt. Es ist meine Antwort auf seine Liebe, in der er sich an mich verschwendet hat.

Wenn ich mich aber geliebt weiß, so kann ich sicher sein, daß mir von dem, der mich liebt, nichts Böses widerfahren kann. Er wird vielmehr alles tun, um mich zu erfreuen. Und wenn er mir wehtun muß, so tut er es niemals, um mich zu quälen, sondern damit das eigentliche Bild, das in mir lebendig ist, sichtbar werden kann. In seiner Liebe hat er das Ziel meiner Vollendung im Auge. Er will das Höchste aus meinem Leben herausarbeiten und wird um meinetwillen nicht mit weniger zufrieden sein. Wie er damit fertig wird, kann ich ihm getrost überlassen. Ich brauche ihm nicht ratend zur Seite zu stehen. Er hat das Sorgerecht für mich übernommen. Warum also sollte ich ängstlich in die Zukunft blicken? Er hat mir versprochen, wie ein Vater für mich zu sorgen. Das einzige, was er von mir erwartet ist, daß ich ihm vertraue und tue, was er sagt. Nicht aus Angst, sondern aus Liebe. In der Atmosphäre solch einer Liebe kann keine Furcht gedeihen. Im Gegenteil: »Die vollkommene Liebe treibt die Furcht aus!« (1. Joh. 4,18).

Wenn ich darauf bedacht bin, mein Leben nach meiner eigenen Vorstellung zu gestalten und das, was in meinen Augen begehrenswert erscheint, an mich zu reißen, werde ich alles verlieren (Matth. 16, 24).

Wenn ich mich jedoch hingebe, mein Leben verströme, ausschütte bis nichts mehr übrig ist, das ich noch für mich selbst zurückhalten möchte, dann werde ich ungleich mehr gewinnen, als ich eingesetzt habe: Gott selbst. Dann wird Er sein Leben in mir Gestalt werden und aus mir herausströmen lassen, so daß andere mit in diesen Lebensstrom hineingezogen werden. Dann wird es so sein, daß nicht ich der eigentlich Handelnde bin, sondern Jesus, der in mir lebt. Dann muß ich nicht mehr aus eigener Kraft schöpfen, sondern kann seine Kraft durch mich wirksam werden lassen (Gal. 2,20). Dann muß ich nicht mehr ängstlich darum besorgt sein, ob ich richtig eingeschätzt werde und ob man mir Recht gibt, sondern ich werde in erster Linie darum besorgt sein, daß Gott sich selbst und seine Absicht in mir und durch mich verwirklichen kann. Jesus lehrt seine Jünger den richtigen Stellenwert, wenn er sagt: »Setzt das Reich Gottes und was Gott gefällt an die erste Stelle eures Stebens, dann wird all das, um das ihr euch sorgt, hinzugegeben werden« (Matth. 6,33).

Der Schwerpunkt meines Interesses liegt dann nicht mehr in mir, sondern in dem, den ich liebe. Das aber gibt mir eine große Freiheit meinem eigenen Leben gegenüber. Ich bin an meinem eigenen Leben gar nicht mehr so brennend interessiert. Damit aber ist die Angst entmachtet. Ich bin fasziniert von der Größe und Herrlichkeit Gottes. Ich konzentriere mich nicht mehr auf mein eigenes Wohlbefinden, sondern auf das, was Gott erfreut. Und in der Gegenwart Gottes atme ich auf. Ich bin geborgen und brauche mich nicht mehr zu fürchten.

Michiaki Horie, geb. 1941 in Hiroshima/Japan, ist in buddhistischer Tradition aufgewachsen, seit 1959 Christ und arbeitet als freipraktizierender Facharzt für Neurologie, Psychatrie und Psychotherapie in D-5620 Velbert-Langenberg. Er ist Initiator und Leiter der Hordthaus-Seminare für Konfliktbewältigung und biblische Lebensgestaltung.

Literaturverzeichnis

Baeyer, Walter von / Baeyer – Katte, Wanda von: *Angst.* Frankfurt 1973

Balint, Michael: *Angstlust und Regression.* Beitrag zur psychologischen Typenlehre. Stuttgart 1960

Bitter, Wilhelm: *Die Angstneurose.* Mit zwei Analysen nach Freud und Jung. München 2. Aufl. 1976

Bovet, Theodor: *Angst – Sicherung – Geborgenheit.* Hamburg

Condrau, Gion: *Angst und Schuld als Grundprobleme der Psychotherapie.* Philosophische und psychotherapeutische Betrachtungen zu Grundfragen menschlicher Existenz. Frankfurt 1976

Erikson, Erik: *Jugend und Krise.* Die Psychodynamik im sozialen Wandel. Stuttgart 2. Aufl. 1974

Franz von Assisi: *Die Demut Gottes.* Meditationen, Lieder, Gebete. Köln 1977

Freud, Anna: *Das Ich und die Abwehrmechanismen.* München 9. Aufl. 1977

Fromm, Erich: *Die Furcht vor der Freiheit.* Köln 5. Aufl. 1972

Haack, Friedrich W.: *Die Neuen Jugendreligionen.* Münchner Reihe. Evangelischer Presseverband f. Bayern

Hennenhofer, Gerd / Heil, Klaus D.: *Angst überwinden.* Selbstbefreiung durch Verhaltenstraining. Hamburg 1975

Kierkegaard, Sören: *Christenspiegel.* Wuppertal 1979

Krohne, Heinz W.: *Angst bei Schülern und Studenten.* Entstehungsbedingungen, Konsequenzen, präventive und therapeutische Maßnahmen. Hamburg 1977

Meadows, Dennis / Meadows, Donella: *Die Grenzen des Wachstums.* Bericht des Club of Rome zur Lage der Menschheit. Stuttgart 1973

Mildenberger, M. / Schöll, A.: *Die Macht der süßen Worte.* Die Bewegung der Transzendentalen Meditation. Wuppertal 1977

Pfeiffer, Carl C. phD, M. D.: *Mental and Elemental Nutrients.* Keats Publishing, Inc. New Canaan Connecticut

Pfister, Oskar: *Das Christentum und die Angst.* Freiburg 1975

Pössiger, Günter: *Angst erkennen – Angst überwinden.* München 1976

Richter, Horst E. / Beckmann, Dieter: *Herzneurose.* Stuttgart 2. überarbeitete Aufl. 1973

Riemann, Fritz: *Grundformen der Angst.* Eine tiefenpsychologische Studie. München 1977

Ross, Harvey M. M. D.: *Fighting Depression.* Larchmont Books New York

Vom gleichen Verfasser:

Achtung: Fehlschaltung!

Sind seelische Störungen vermeidbar?

80 Seiten, R. Brockhaus Taschenbuch Bd. 313

»Ich werde oft gefragt: ›Warum versage ich überall, und warum gibt es in meinem Leben so viele Fehlschläge?‹ – Dabei stelle ich jedesmal fest, daß es irgendwo in diesem Leben zu einer Fehlschaltung gekommen ist und daß sich im Laufe der Zeit diese Einstellung wiederholt und gefestigt hat.« Anhand von zahlreichen Beispielen aus seiner langjährigen nervenärztlichen Praxis deckt Dr. M. Horie nicht nur die Hintergründe psychischer Störungen auf, sondern zeigt auch, wie eine Fehlschaltung korrigiert werden kann. Hier ist ein Buch, das Menschen, die an Depressionen leiden oder in den zwischenmenschlichen Beziehungen – sei es in der Ehe, in der Familie oder am Arbeitsplatz – Schwierigkeiten haben, über die psychotherapeutische Schulmedizin hinaus durch das Evangelium von Jesus Christus eine Wegweisung gibt.

Resignieren oder hoffen

Ein Leitfaden für Seelsorger

72 Seiten, Paperback, ABCteam Bd. 157

Dieser »Leitfaden für Seelsorger« ist für jeden bestimmt, der es mit gestörten Menschen zu tun hat, auch wenn er selbst der »Gestörte« ist und Hilfe für die eigne Seele braucht. Mit knappen Strichen zeichnet M. Horie den Gesunden und den Depressiven, den Schizophrenen, den Neurotiker und auch die Persönlichkeit des Seelsorgers. Im Anhang helfen Fragebogen zur Selbstanalyse.
Der Psychiater und Neurologe Dr. med. Horie macht Mut, sich für die Hoffnung zu entscheiden – nicht als billigen Trost, sondern weil es sie gibt: die Hoffnung auf Hilfe; und weil so viel an der Bereitschaft zu sinnvollem Helfen liegt.